IULIA IVAN

Wie man als weibliche Führungskraft in einer immer noch patriarchalischen Gesellschaft Erfolg hat

IULIA IVAN

Urheberrecht © 2024 von Iulia Ivan

Alle Rechte vorbehalten. Kein Teil dieser Publikation darf ohne schriftliche Genehmigung des Herausgebers in irgendeiner Form oder mit irgendwelchen Mitteln - elektronisch, mechanisch, durch Fotokopieren, Aufzeichnen, Scannen oder auf andere Weise - reproduziert, gespeichert oder übertragen werden. Es ist illegal, dieses Buch zu vervielfältigen, es auf einer Website zu veröffentlichen oder es auf andere Weise ohne Genehmigung zu verbreiten.

Erste Ausgabe

Dieses Buch wurde professionell auf Reedsy gesetzt. Weitere Informationen finden Sie unter reedsy.com

INHALT

Vorwort

1 Einführung
2 Teil I: Frau setz deine Sauerstoffmaske zuerst auf!
3 Teil II: Die harten Brocken des Managements die viele Führungskräfte führen...
4 Teil III: Die menschlichere Seite der Fürung
5 Teil IV: Die Zerstörung von Mythen
6 Teil V Giftige Phrasen, die Sie niemals akzeptieren sollten
7 Schlussfolgeru

Über den Autor

VORWORT

Dieses Buch ist allen Frauen da draußen gewidmet. Unabhängig von Hautfarbe, Alter, Religion, etc. Ich schreibe dieses Buch in einem für mich verletzlichen Kontext. In diesem Monat bin ich 36 Jahre alt geworden, ein Alter, in dem eine meiner Großmütter auf tragische Weise die Erde verließ. Ich habe mich entschieden, wiedergeboren zu werden.

In Erinnerung an sie und an alle Frauen aus meinem Stammbaum, die vor mir lebten und auf deren Schultern ich heute stehe.

Dieses Buch wurde aus 2 Ideen geboren:

Ich glaube fest daran, dass in jeder Frau auf dieser Welt eine Heldin steckt. Wir müssen sie nur erkennen und annehmen, um eine erfülltere Karriere und ein erfüllteres Leben zu führen.

Zweitens, weil viele Menschen in meinem Umfeld mich ermutigt haben, meine Geschichte aufzuschreiben, um andere Frauen zu unterstützen. Wenn wir unsere Geschichten erzählen, merken wir, dass wir auf unserem Weg als weibliche Führungskräfte nicht allein sind.

Ich hoffe, dass diese Ermutigungen und Geschichten in Ihnen den Wunsch wecken, immer weniger das patriarchalische Verhalten zu akzeptieren, das oft Gewalt beinhaltet, unseren Wert herabsetzt und uns glauben lässt, dass wir weniger wert sind als ein Mann.

Mein geheimer Wunsch ist, dass dieses Buch Ihnen so dient, dass Sie die Leidenschaft für ein einfaches, hochwertiges

Leben für sich selbst finden.

Denn du hast es verdient, Frau, du hast alles verdient.

Ich habe 2016 einen Blog gestartet, und obwohl mir anfangs einige Frauen schrieben, dass sie sich in meinen Geschichten wiederfanden, bekam ich auch immer mehr Hass. Und ich habe nicht verstanden, warum.

Ich habe immer noch Angst vor den Reaktionen, die meine Geschichten hervorrufen werden. Aber wenn Sie sich entscheiden, dieses Buch zu lesen, behandeln Sie es mit Respekt. Es war und ist schwierig für mich, über so intime Momente, über mein persönliches Leben zu sprechen. Aber mein Therapeut, meine Freunde und jetzt auch mein Buch-Coach haben mich ermutigt, zu schreiben. Um Ihnen die Frauen hinter der professionellen Iulia Ivan zu zeigen.

Ich habe ein Guerilla-Handbuch zusammengestellt, damit Sie in diesem Dschungel des Geschäftslebens, der immer noch von Männern dominiert wird, erfolgreich sein können. Das Ziel besteht nicht darin, sie zu hassen, sondern ihr schlechtes Verhalten nicht länger zu akzeptieren, sie herauszufordern, sich zu bessern, oder sie zu verlassen, wenn sie bereits toxisch geworden sind. Den patriarchalischen Vorurteilen ein Ende zu setzen, die Männer und vielleicht auch wir selbst aufgrund unserer unangefochtenen Vorurteile aus dem familiären Erbe immer noch haben.

Um eine bessere Zukunft für unsere Töchter und Enkelinnen zu schaffen. Ich träume von einer Welt, in der Respektlosigkeit, Frauenfeindlichkeit, Missbrauch und Sexismus von Frauen nicht mehr akzeptiert werden und Männer anfangen, ihr Verhalten zu überdenken und sich zu bessern. Das wird nicht aufhören, wenn wir nicht auch unseren Teil dazu beitragen, zu erkennen, wer wir wirklich sind, klare Grenzen setzen und für uns selbst sprechen.

Ich gebe Ihnen auch gute, gesunde Werkzeuge an die Hand, die ich nach vielen Versuchen und Misserfolgen entdeckt habe. Aber, wie bei jedem Buch, ist vielleicht nicht alles für Sie, und Sie werden nicht mit allem einverstanden sein, was ich schreibe. Und das ist auch völlig in Ordnung. Nehmen Sie mit, was Sie in diesem

Moment für sich als nützlich empfinden.

Mein bescheidener Wunsch ist es, dass Sie als weibliche Führungskraft alles im Köcher haben, was Sie zum Erfolg brauchen. Um erfüllt zu sein und Ihre Talente mit Freude in die Gesellschaft einzubringen. Im Bereich der Führung, wenn wir in einflussreiche Positionen kommen,
taucht eine unerwartete Armee in unserem Geist auf - Soldaten, die im Feuer unseres Unterbewusstseins geschmiedet werden. Diese Soldaten nehmen die Gestalt von Ängsten, Selbstsabotage und Aufschieberitis an und fungieren sowohl als Wächter als auch als Saboteure.

Seit Generationen haben patriarchalische Gesellschaften den Frauen die Lektion der Unsichtbarkeit erteilt. Doch in Führungspositionen wird das Rampenlicht noch intensiver. Als Leiterin stehen Sie in einem helleren Licht als in jeder anderen Position. Inmitten der Herausforderungen von Diskriminierung, ungleichen Chancen und Mobbing durch diejenigen, die sich durch unseren Aufstieg bedroht fühlen, gibt es einen subtileren Kampf.

Unbemerkt und oft unbewusst sind diese internen Soldaten Zeugen zahlreicher Akte der Unterdrückung und Gewalt gegen uns Frauen. Ihre Aufgabe? Die Illusion von Sicherheit aufrechtzuerhalten, indem sie uns unsichtbar machen.

Auf meiner Reise tauche ich in diese Schichten des inneren Widerstands ein und erforsche die Nuancen der Führung jenseits der offensichtlichen Hürden. Begleiten Sie mich bei der Aufdeckung des komplizierten Tanzes zwischen gesellschaftlichen Erwartungen und den stillen Kämpfen, die in unserem Inneren ausgefochten werden, während wir den Weg zu Ermächtigung und Sichtbarkeit beschreiten.

EINFÜHRUNG

Ich wurde in einer bescheidenen Familie in einer kleinen Stadt in Rumänien geboren. Ich bin das zweite von 5 Kindern, der Rest sind nur Jungen. Die meisten Leute sagen mir, wenn sie das hören, dass ich wohl der Verwöhnteste in der ganzen Familie war. Und in gewissem Maße war ich das auch... im Kindergarten. Zumindest hat man mir das gesagt.

Nur bei mir war das anders. Ich wurde im Kindergarten von meinem Vater vergessen, und ich dachte, ich würde ohne ihn sterben. Ich wünschte mir eine Barbiepuppe, ich bekam eine Holzpuppe, die ihre Hände nicht bewegte. Der Höhepunkt war, dass ich sah, wie mein älterer Bruder genau das bekam, was er sich wünschte: einen HC '95, die geliebten Turnschuhe.

Erwachsene haben mir immer Angst gemacht, vor allem weil sie immer aufgeregt, nervös und laut waren. Ich zog mich in mich selbst zurück; ich floh vor den Kontakten mit meinen Tanten und Onkeln. Der Einzige, der mir ein wenig Trost spendete, war mein älterer Bruder, nur dass er ständig vor mir weglief, weil er nicht gerne Babysitter war.

Ich war 6 Jahre alt, als sich meine Mutter auf den Sessel setzte im Wohnzimmer weinte und mir sagte, dass dies der Tag sei, an dem wir uns anders verhalten würden. Mein Vater hat Gott gefunden und sich entschieden, in eine Gemeinde zu gehen.

Also müssen wir unsere Ohrringe und jeglichen Schmuck ablegen, das Radio, den Kassettenspieler (so war das damals), den Fernseher und alle Bilder im Haus wegwerfen.

Ich durfte nicht mehr mit den Kindern spielen.

Ich war sehr verwirrt. Ich habe nichts von dem verstanden, was passiert ist. Es gab schon vorher Streit im Haus, aber nach diesem Ereignis verstärkten sie sich.

Eines Tages ging ich mit einem Freund aus Kindertagen auf dem Bürgersteig in der Nähe meines Wohnblocks spazieren, und ich erkannte meinen kaputten Fernseher. Dort, auf dem Feld, begann ich zu weinen. Mir wurde klar, dass ich nicht mehr in der Lage sein würde, die Sendungen mit Märchen oder die Enzyklopädie zu sehen, die ich am Samstagabend so sehr mochte.

Ich konnte nicht ahnen, dass sich dieser Moment der Traurigkeit in Jahre der Qual und des Leidens verwandeln würde.

Ich war sieben Jahre alt, als mein dritter Bruder geboren wurde. Während ihrer gesamten Schwangerschaft hatte meine Mutter Angst, dass sie sterben würde. Ihre leibliche Mutter starb mit 36 Jahren, also genau in dem Alter, in dem meine Mutter sie zur Welt brachte. Ich hatte große Angst, dass sie nicht mehr da sein würde. Deshalb kam ich manchmal zu ihr und prüfte ihre Atmung, wenn sie schlief, nur um zu sehen, ob sie noch bei mir war. Ich glaube, das war die Zeit, in der mein Gehirn mit einem hohen Maß an Stress überflutet wurde.

Mein Vater hat keinen Antrieb, sich um einen von uns zu kümmern. Seine einzige Aufgabe ist es, zur Arbeit zu gehen und Geld zu bringen, so hieß es zumindest. Und sowieso nicht so viel Geld.

In diesem Jahr begann ich mein erstes Schuljahr. Ich musste mit einem Schal über dem Kopf gehen, durfte mit niemandem sprechen, an keinem Klassenausflug und an keiner Aktivität teilnehmen was auch immer.

Zumindest nicht offiziell. Meine Mutter besorgte etwas Geld und schickte mich manchmal mit der Klasse auf kleine Ausflüge, die in der Stadt stattfanden, zum Beispiel ins Museum. Ansonsten ohne dass mein Vater davon wusste.

Im Alter von sieben Jahren begann ich ein Doppelleben zu führen. Eines, um es meinem Vater zu zeigen, und eines für meine Mutter. Meine Wünsche, Hoffnungen und Träume hatten keinen Platz in diesem Leben.

Zur Schule gehen, nach Hause kommen, abwaschen, auf den Bruder aufpassen, die Hausaufgaben machen, das Haus putzen, zu Gott beten und meinem Vater in seine Gemeinde folgen. Das stand nie zur Debatte. VERPFLICHTET.

In der Versammlung hatte ich die ganze Zeit Angst. Es war ein großer Raum, mit Holzbänken, mit einem Gang: links die Männerseite, rechts die Frauenseite. Der Presbyter sprach am Anfang, alle sangen verschiedene Lieder und beteten dann die ganze Zeit laut, mit verschiedenen Stimmen und verschiedenen Tönen. Manchmal fingen die Leute an, auf den Knien zu gehen und in unverständlichen Worten zu sprechen. Alle sagten, dass sie Gnade von Gott erhalten haben und dass das die Sprache Gottes ist.

Ich war völlig verängstigt, mein Vater beobachtete mich wie ein Falke, um zu sehen, ob ich die richtigen Bewegungen machte, ob ich sang, ob ich betete. Und wenn er es nicht tat, stießen mich die Damen um mich herum in die Rippen, um nicht zurückzufallen.

Mein Vater sagte mir meistens, ich solle beten und Gott durch Lieder verherrlichen, denn ich sei von Geburt an eine Sünderin, weil ich eine Frau sei. Und die Hölle wird mich verschlingen, wie sie es mit Eva tat, als sie in den Apfel im Garten des Himmels biss.

Und er drängte mich zu all diesen Dingen, egal, dass ich erschöpft war, weil mein kleiner Bruder die ganze Nacht weinte und mich wach hielt. Es spielte keine Rolle, dass ich erschöpft war wegen der ganzen

die harte Arbeit als Kind im Haus, weil er keinen Finger krumm machen wollte, um meiner Mutter zu helfen. Es spielte keine Rolle, dass ich in der Schule eine schwere Zeit hatte.

In meinem kleinen Gehirn begann sich der Gedanke zu formen, dass ich nicht wichtig sei.

Ich habe meiner Mutter die ganze Zeit gesagt, dass das nicht richtig ist. Aber sie sagte mir immer wieder, dass er mein Vater sei und ich ihn respektieren müsse.

Und je älter ich wurde, desto schlimmer wurde es.

Denn es kamen noch zwei weitere Brüder hinzu. Ich musste mich um sie kümmern, während meine Mutter und mein Vater bei der Arbeit waren.

Aber in der Zwischenzeit, als ich etwa 10 oder 11 Jahre alt war, sagte er mir, ich solle anfangen, mich wie eine Frau zu verhalten. Ich sollte immer lange Röcke tragen, lange Ärmel und den Schal tagein, tagaus über meiner Hand tragen. Er wusste, dass ich das nicht sehr gut aufnehmen würde. Er begann, mir heimlich zu folgen, um zu sehen, ob ich gehorchte.

Er wusste, dass ich in dem Moment, in dem er ging, den Schal und wenn möglich auch den Rock wegwerfen würde.

Ich lebte in einem ständigen Zustand des Stresses. Ich durfte nicht beim Spielen mit meinen Freunden erwischt werden, ich durfte nicht ohne das Halstuch erwischt werden. Er folgte mir sogar in der Schule.

Einmal habe ich ihn nicht rechtzeitig bemerkt, so dass ich den Schal schnell anbringen konnte, und er hat mich gesehen. In diesem Moment erkannte ich meinen Vater nicht. Wir befanden uns mitten auf dem Schulhof. Ich konnte kaum auf ihn zugehen, weil meine Füße zitterten, ich konnte kaum atmen und dachte, ich würde gleich sterben.

Er war mehr als wütend; er war wie ein tollwütiges Tier.

Er hat mich nur gefragt, warum ich ihm das angetan habe, und dann hat er mich vor all meinen Kollegen geohrfeigt. Ich wurde schon früher von ihm geschlagen, geohrfeigt, an den Haaren gezogen und geschubst, aber ich wusste, dass dieses Mal etwas

war anders. Ich glaube, er war wütend, weil es so öffentlich war. Er dachte immer: "Was würden die Leute sagen?'

Er sagte mir, ich solle nach Hause gehen, denn wir würden besprechen, wann er von seiner Versammlung zurück sei. Meine Brüder waren allein, also musste jemand zu Hause sein.

Ich kann mich immer noch nicht daran erinnern, wie ich nach Hause gekommen bin, aber die ganze Zeit, in der ich auf ihn gewartet habe, habe ich nur daran gedacht, dass er mich umbringen wird".

Meine Mutter war an diesem Abend bei der Arbeit, also gab es niemanden, der mich gegen dieses Monster, das aus meinem Vater hervorging, verteidigen konnte.

Später kam er nach Hause und fragte mich, warum ich das getan habe. Alles, was er im Kopf hatte, war, dass ich ihn vor der ganzen Welt demütigte. Es spielte keine Rolle, was ich sagte. Dass ich mich nicht gerne so anziehe, dass die Kinder sich über mich lustig machen, dass ein Mädchen Steine nach mir geworfen hat.

Nein, meine Gefühle spielten keine Rolle, meine Gedanken, mein ganzes Wesen gehörten ihm. Ich musste gehorchen, was immer er sagte.

Während wir diskutierten, bemerkte er, dass er seinen breiten Gürtel mit der großen Schnalle nicht finden konnte. Er vermutete, dass ich ihn versteckt hatte, und weil ich nicht sagen wollte, wo er war, nahm er einen Fuß von einem kaputten

Stuhl und begann, mich damit zu schlagen.

Ich kann mich kaum daran erinnern, dass ich ein paar Tage lang in der Schule schreiben konnte, und ich habe immer noch einige Narben auf meinem Rücken von dieser Nacht.

Und weißt du was? Nachdem er mich geschlagen hatte, fragte er mich: "Warum lässt du mich das mit dir machen?

Als wäre ich schuld, nicht seine Unfähigkeit, seine Wut zu kontrollieren, und als wäre er ein Vater für mich, nicht ein Verfolger.

Er hörte nicht auf, mich zu beschämen.

Er sagte Dinge wie: Warum gehst du aufs College? Du bist eine Frau, du musst zu Hause bleiben und Kinder machen. Das ist dein einziger Zweck. Du hast sowieso nicht das Gehirn, um etwas anderes zu sein.

als eine Näherin.

Ich nahm an einigen Mathematikwettbewerben teil und belegte ohne jegliche Vorbereitung den 3. Platz. Währenddessen kümmerte ich mich um meine Brüder und das Haus zusammen mit meiner Mutter, die im Schichtdienst arbeitete.

Er sagte es mir:

" Das ist das Einzige, was du kannst? Warum nimmst du nicht den ersten Platz, damit du etwas Geld in dieses Haus bringen kannst?

Er hat mich behandelt, als wäre ich ein Nichts. Wie einen Sklaven.

Er erwartete saubere Kleidung und warme Mahlzeiten, aber er ging nur zur Arbeit, kam nach Hause, schlief, ging zu seiner Gemeinde und erwartete, dass wir ihn wie einen König behandelten, während er uns wie Müll behandelte.

In dem Jahr, in dem der fünfte Bruder auf die Erde kam, hatte ich nach der Prügelei eine wichtige Prüfung, bei der entschieden wurde, auf welches Gymnasium ich gehen würde.

Dieses Jahr war schlimmer als je zuvor. Er schlug mich windelweich, meine Mutter war deprimiert und hatte Angst, mit 44 Jahren ein Kind zu bekommen, und mein Rumänischlehrer sagte mir, dass ich nicht das Zeug dazu hätte, die Prüfung zu bestehen.

Und ich hatte niemanden, mit dem ich über all das reden konnte.

Ich habe versucht, mit meiner Mutter darüber zu sprechen, aber ich bekam nur zu hören: "Siehst du? Ich habe dir doch gesagt, fang an zu lernen, du lernst nicht genug".

Ich hatte vergessen zu erwähnen, dass wir sieben Personen in einer 2-Zimmer-Wohnung zurücklassen würden. Mit kleinen Jungen von sieben, vier und ein paar Monaten.

Ich war erschöpft. Ehrlich gesagt, frage ich mich manchmal immer noch, wie ich bis zu diesem Jahr so gute Noten haben konnte.

Ich habe also die Prüfung bestanden, aber mit einem Durchschnitt von etwas über 7, nicht über 9, wie ich erwartet hatte, und wie bei den meisten meiner Jahresnoten so weit.

Ich war untröstlich.

Der einzige Traum, der mich davon abhielt, mir das Leben zu nehmen, war der, dass ich auf eine gute Highschool und dann auf eine gute Universität gehen würde, um mir einen guten Job zu suchen und von zu Hause wegzugehen.

Jetzt fühlte ich mich gefangen.

Und was war das Schlimmste daran? Meine Eltern waren beide enttäuscht. Ich erinnere mich noch an das Gesicht meiner Mutter, als sie unsere Verwandten ankündigte. Und mein Vater schrie, dass ich die Familie vergeudet hätte.
Geld für Nachhilfe umsonst.

Wenn ich zurückblicke und jetzt mehr über Psychologie weiß,

war das meine erste Depression.

In diesem Sommer habe ich viel darüber nachgedacht, wie ich mich umbringen würde. Dies ist das erste Mal, dass ich dies außerhalb der Praxis meines Therapeuten gesagt habe. Zwei Dinge hielten mich davon ab.

Mein Vater sprach viel aus der Bibel und erwähnte bei mehreren Gelegenheiten, dass Menschen, die sich umgebracht haben, direkt in die Hölle kommen. Ich war so entsetzt über den Gedanken, im ewigen Feuer zu bleiben, dass dies das erste war, was mich davon abhielt, mir das Leben zu nehmen.

Und dann, an manchen Tagen, wenn seine Herabsetzungen unerträglich waren und die Atmosphäre im Haus erstickte, überlegte ich mir, wie ich es schaffen könnte. Ich sah zwei Möglichkeiten: entweder alle Pillen im Haus einnehmen oder mir die Pulsadern aufschneiden. Aber bei beiden Varianten würden meine Brüder in Ruhe gelassen werden. Und da ich schon immer eine rege Fantasie hatte, konnte ich mir vorstellen, wie erschrocken sie sein würden, wenn sie mich regungslos oder blutüberströmt sehen würden.

Ich würde also nein sagen. Ich kann ihnen das nicht antun.

Ich kam in die Highschool. Das ist für jeden Teenager eine heikle Zeit. Für mich war es eine doppelte, weil ich nicht wusste, wie mein

Die Kollegen würden meine Situation sehen. Ich dünnes Mädchen mit einem Schal und langen Röcken auch in kalten Wintern.

Ich hatte große Schwierigkeiten, und während meines ersten Semesters konnte ich dem Unterricht kaum Aufmerksamkeit schenken. Mein Gehirn war völlig benebelt. Jetzt weiß ich, dass ich unter schweren Depressionen litt.

Natürlich hörte mein Vater nicht auf, mich zu verfolgen und zu kontrollieren, ob ich mich anständig kleidete und ob ich mich entsprechend benahm.

Meistens drohte er mir, dass er mir die Haare abschneiden würde, wenn er mich ohne Schal erwischen würde.

In meinem ersten Semester an der High School erwischte er mich eines Tages. Ich war so müde von der Schule, dass ich kaum sehen konnte, wohin ich ging, aber er stand da, an der Bushaltestelle, und wartete.

Als ich ihn schließlich bemerkte, war es zu spät. Ich rannte nicht, aber mein Magen fühlte sich am Boden an. Da war es wieder: das Monster, das mir meinen Vater weggenommen hatte.

Geh nach Hause, wir besprechen es, wenn ich zurückkomme.

Ich ging nach Hause, verängstigt und weinend. Ich wusste, dass er es dieses Mal tun würde. Ich ging nach Hause, packte ein paar Sachen und obwohl meine Mutter wie verrückt weinte und mich anflehte, nicht zu gehen, lief ich von zu Hause weg.

In der Psychologie ist das Weglaufen gleichbedeutend mit Selbstmord. Man kann es einfach nicht mehr ertragen.

Ich hatte das Glück, dass ich einen Großonkel und eine Großtante hatte, die mich aufnahmen.

Das Traurige daran war, dass ich bei meiner Rückkehr nach Hause mit meinem Vater verhandeln musste.

Er wollte mich nicht zurück, er war glücklich. Denn es gab niemanden, der meiner Mutter sagte, sie solle nicht mehr weinen, wenn er sie direkt verletzte. Die Stacheln in seinen Rippen waren verschwunden. Niemand, der ihn für das Elend, das er uns angetan hatte, zur Rechenschaft zog.

Aber meine Mutter war erschöpft. Überwältigt von der Sorge, nicht Ich weiß, wie es mir geht, mit einem Kleinkind von ein paar Monaten und zwei weiteren kleinen Jungen, ohne Hilfe, und ich flehe meinen Vater an, mich nach Hause kommen zu lassen.

Ich hatte den Anstand, Hosen zu tragen, wann immer ich wollte, Ohrringe zu tragen und nicht mehr in seine Gemeinde zu gehen. Er sprach nicht mehr mit mir, ich war ihm fremd.

So sehr ich auch der wütende Teenager war, der ihn hasste, so sehr steckte dahinter ein gewaltiges Loch voller Schmerz. Mein inneres Kind konnte nicht verstehen, warum die Person, die mich am meisten lieben, sich am meisten um mich kümmern, mich beschützen, mich unterstützen und mir helfen sollte, eine starke Frau zu werden, mein größter Verfolger und Henker war.

Ich flehte meine Mutter immer wieder an, ihn zu verlassen. Seitdem wusste ich auch ohne mein Psychologiestudium und ohne die vielen Kurse und Studien, die folgten, dass das keine Liebe war.

Er war nicht in der Lage, jemanden zu lieben. Er hatte zu viel Schmerz.

Sie war nicht in der Lage dazu, sie hatte solche Angst, dass sie nicht für uns alle sorgen könnte, also unterstützte sie seinen Terror jeden Tag.

Ich blieb nachts wach und malte mir eine andere Zukunft aus, auch wenn sie sie nicht sehen konnte. Ich stellte mir vor, dass wir als Familie frei sein würden. Ohne meinen Vater. Lachend, fernsehend, ans Meer fahrend, normale Dinge tuend, wie jede Familie.

Und jahrelang konnte sie keine andere Möglichkeit für unsere Zukunft sehen als die dunkle. Voller Angst.

Doch vor meinem letzten Jahr an der High School passierte etwas. Sie hatten wieder einen Streit wie immer, mein Vater war sehr eifersüchtig. Er hat nicht verstanden, dass man niemanden mit Gewalt an seiner Seite haben kann. Er konnte nicht sehen, dass meine Mutter ihn gewählt hat. Er konnte nicht sehen, dass sie sich Tag für Tag für ihn entschieden hat, 20 Jahre lang, jeden einzelnen Tag, indem sie ihn nicht verlassen hat. Auch wenn er sie behandelt hat
wie Dreck.

WIE MAN ALS WEIBLICHE FÜHRUNGSKRAFT IN EINER IMMER NOCH PATRIARCHALISCHEN GESELLSCHAFT ERFOLG HAT

Jedenfalls habe ich an diesem Tag laut gesagt: "Mama, bitte hör auf zu weinen, es ist ihm egal".

Er ist wieder ausgerastet. Dieses Mal ziemlich heftig.

Er nahm ein Stück Holz von unserem Grill und versuchte, mir ins Gesicht zu schlagen. Es spielte keine Rolle, dass das Holz in Flammen stand. Als ich es mit meiner Hand abwehrte und er sah, dass ich hasserfüllt zu ihm zurückblickte, als wäre ich unberührt, verlor er endgültig die Fassung. Er packte mich an meinem Pferdeschwanz und zerrte mich ins Haus. Er schlug mir das Gesicht auf den Boden, brach mir die Nase und hörte trotzdem nicht auf. Er fing an, mir mit seinen Füßen in den Bauch zu schlagen. Ich wurde ohnmächtig.

Das nächste, was ich verschwommen sehen konnte, war meine Mutter, die ihn von mir wegzog, und ich sah dies als Gelegenheit, aus dem Haus zu rennen.

Ich renne in den hinteren Teil des Hofes, wo ich hinfalle. Dann konnte ich sehen, dass ich mit Blut bedeckt war. Mein Blut.

Und ich kann immer noch nicht glauben, dass ich am Leben bin.

Lassen Sie mich etwas klarstellen: Mein Vater war nie dünn. Als körperliche Kraft hat er manchmal im Garten gearbeitet und anderen sogenannten Brüdern aus seiner Gemeinde beim Hausbau geholfen. Und er hat geboxt, als er jung war. Zusammen mit der enormen Wut, die er mir gegenüber empfand, können Sie sich vorstellen, welchen Schaden ein dünner Sack voller Knochen, wie ich es die meiste Zeit meines Lebens war, anrichten kann.

Meine Mutter kam völlig verängstigt hinter mir her, und da sagte ich:

Ich rufe die Polizei, oder ich rufe meinen großen Bruder an, damit er mich von hier wegbringt. Ich bleibe nicht länger in diesem Haus mit diesem Mann. Er kümmert sich um niemanden außer um sich selbst.

Der Schrecken im Gesicht meiner Mutter veranlasste mich, meinen großen Bruder anzurufen und nicht die Polizei. Und mein Bruder war wirklich schlau, mit dem Presbyterianer der Kirche meines Vaters zu kommen.

EINFÜHRUNG

Diesem Kerl ist das Gesicht abgefallen, als er mich sah.

Ich schrie ihn an: "Das ist es, was Sie in Ihrer Kirche predigen? Das ist es, was Gott will?'

Er war voller Ehrfurcht. Er sah meinen Vater an und sagte: "Das ist nicht der richtige Weg. Du kannst deine Familie nicht so verletzen.'

Ich glaube, in diesem Moment ist meine Mutter buchstäblich aufgewacht. Sie sagte fest:

'Ich bin fertig. Ich nehme meine Kinder mit, und wir gehen.

Ich habe mein Gepäck so schnell gemacht wie Sonic. Ich hatte Angst, sie würde ihre Meinung ändern.

Und links waren wir.

Doch dann standen wir vor einer weiteren Herausforderung. Er begann uns zu bestrafen, indem er uns keinen Unterhalt gab. Er hatte ohnehin nur ein geringes Gehalt, da er als Mechaniker arbeitete, konnte er uns kaum unterstützen. Wir hatten Glück, dass meine Mutter alle möglichen Schichten übernahm, um mehr Geld zu verdienen, sonst hätten wir mit ihm kaum überlebt. Aber jetzt, ohne sein Gehalt, war es die Hölle.

Sobald ich die Oberschule beendet hatte, nach der ich bei den Abschlussprüfungen wieder die Noten 9 und 10 hatte, begann ich mit der Arbeitssuche. Ich wusste, dass wir es uns nicht leisten konnten, dass ich studieren würde.

Die Tatsache, dass ich nicht auf einer renommierten High School war, würde meine Chancen auf ein Stipendium erheblich verringern.

Dank meines großen Bruders (Gott segne ihn), der bereits einen Job hatte, konnte ich das erste Jahr des Colleges bezahlen. Trotzdem wollte ich es alleine schaffen.

Das Leben, das ich in den ersten 18 Jahren meines Lebens gelebt habe, hat mich mit enormen Behinderungen zurückgelassen.

Ich konnte kaum nach einem Job suchen. Wenn ich anfing, meinen Lebenslauf zu vervollständigen, verschwamm meine Sicht, und mein Herzschlag spielte verrückt. Die jahrelange Misshandlung begann, die unsichtbaren, nicht verheilten Wunden wirklich zu zeigen.

Der erste Job, den ich ergatterte, bestand darin, Flugblätter auszutragen und sie in die Briefkästen jeder Wohnung zu stecken. Damals gab es noch keine E-Mails, keine Apps und auch keine Wagen, in die man die Flugblätter stecken konnte.

Ich trug sie in Rucksäcken und großen Handtaschen, und die Bezahlung war sehr gering. Ich habe es trotzdem gemacht. Tief in meinem Unterbewusstsein steckte der Glaube, dass niemand einen Versager wie mich einstellen würde. Also musste ich das tun.

Aber nach ein paar Wochen begann mein Rücken wie verrückt zu schmerzen. Ich hatte Skoliose, und meine Arme taten so weh, dass ich sie nicht über den Kopf heben konnte. Man könnte sagen, dass ich schon sehr früh mit dem Sport angefangen habe.

Ich habe diesen Job gekündigt und mich dann auf jede Stelle beworben, auf die Studenten kommen konnten. Ich folge der Philosophie meiner Mutter: "Fang irgendwo an, egal wo, und dann findest du deinen Weg nach oben".

Die Sache war die, dass niemand jemanden einstellen würde, der vor lauter Angst kaum sprechen konnte.

Ich erinnere mich, dass ich eines Tages zu einer großen Bank ging und man mich etwa 30 Minuten lang auf einen Junior-Vertreter warten ließ. Ich hatte auf der Stelle eine Panikattacke. Ich weiß jetzt, wie man das nennt, aber damals dachte ich, ich würde sterben. Und doch stand ich da. Ich war hungrig nach Erfolg.

Ich habe immer noch keine Ahnung, was ich gesagt habe, weil ich während des gesamten Gesprächs einen Nebel im

Kopf hatte. Irgendwie gab mir die Dame den Job. Er war provisionsbasiert. Und schlecht bezahlt. Schon wieder.

Ich hatte keine Ahnung, wo ich anfangen sollte, ich war zu schüchtern, um in Unternehmen in der Stadt zu gehen, und ich war zu schüchtern, um jemanden auf der Straße anzusprechen. Mein Glück war, dass in dem Unternehmen, in dem mein großer Bruder arbeitete, eine Stelle frei war, und ich ging dorthin.

Ich bekam zwei Kaninchen auf einen Schlag. Weil ich anfing, die Leute in dieser Firma zu fragen. Ich verdiente ein paar Dollar extra außerhalb meines

EINFÜHRUNG

kleines Gehalt.

In diesem Unternehmen hatte ich eine Stelle als Vertriebsmitarbeiter im Innendienst, aber mit einem festen Gehalt. Ich wusste kaum, wie ich mein Gehalt aushandeln oder vergleichen sollte. Was sie mir gaben, nahm ich an. Ich war stolz auf mich, dass ich wenigstens mein Studium bezahlen konnte und etwas Taschengeld hatte, ohne meine Mutter zu fragen.

Nach ein paar Monaten wurde das Unternehmen an einen Konzern verkauft, der anfangs nicht wusste, was er mit uns anfangen sollte. Das Gehalt war ein bisschen höher, aber es war so unsicher. Sie machten uns Arbeitsverträge von zwei Monaten auf zwei Monate.

Wir begannen einen Gruppenstreik, der nicht funktionierte. Doch viele meiner Kollegen machten innerhalb von ein oder zwei Tagen einen Rückzieher und beschwerten sich, dass sie Familien haben. Natürlich konnte ich ihren Standpunkt verstehen, aber ich wollte nicht für ein Unternehmen arbeiten, das sich nicht weniger um uns kümmerte.

Ich bin gegangen.

Einige Monate lang lag ich meist im Bett und war enttäuscht darüber, dass ich nicht bald eine Stelle gefunden hatte. Ich suchte nach Informationen, mit denen ich mich besser auf

Vorstellungsgespräche vorbereiten konnte.

Doch während der Vorstellungsgespräche schaffte ich es aufgrund meiner zerrütteten Beziehung zur Außenwelt, die durch meine Eltern repräsentiert wurde, kaum, alle Gespräche durchzuhalten. Ich hatte Gefühle der Unzulänglichkeit, Kurzatmigkeit, Schwindel und Depersonalisierung.

Ich habe versagt und versagt und nochmals versagt.

Kein seriöses Unternehmen hat mir eine Stelle angeboten.

Eines Tages rief mich jemand an. Es war ein kleines rumänisches Unternehmen am Rande der Stadt. Bis zu diesem Tag war ich nie in diesem Teil der Stadt.

Ich habe mich so vorbereitet, wie es in jedem Artikel im Internet steht: mit einem Hemd und einem anständigen Kleid, professionell. Mit dem, was ich im Schrank hatte, denn ich hatte kein Geld, um etwas Neues zu kaufen.

Die Anzeige war für einen Handelsvertreter bestimmt.

Das Gespräch fand mit einem der Eigentümer des Unternehmens statt, einem Ehepaar. Aber an diesem Tag nahm er mein Vorstellungsgespräch. Ich denke, Sie können sich vorstellen, dass das, was mit meinem Vater geschah, einem Mann, der in einer patriarchalischen Mentalität aufgewachsen war, mich mit einer
schreckliche Angst vor Männern. Eine, die mir zu diesem Zeitpunkt nicht bewusst war.

Rückblickend kann ich mich jedoch nicht daran erinnern, was ich bei diesem Treffen gesagt habe. Ich weiß nur noch, dass der Eigentümer einen festen Händedruck hatte.

Ich habe den Job.

Ich sah nichts anderes als meinen Wunsch, in diesem Unternehmen erfolgreich zu sein. Ich habe nach nichts anderem gesucht. Obwohl es damals für eine Frau ein wirklich hartes Pflaster war. In meinem Land gab es nur sehr wenige Frauen in der Lkw-Ersatzteilbranche.

Lassen Sie mich einige Dinge klarstellen. Ich hatte eine kurze mündliche Einführung und den Rest musste ich nebenbei lernen. All die Dinge, von denen ich jetzt weiß, dass sie notwendig sind, damit eine Person in ihrem Job erfolgreich ist, wie Einführung, Einarbeitung, Kompetenzbewertung, Ausbildungsplan usw., fehlten.

Ich hatte keine Ahnung, wie man mit Kunden spricht. Ich wusste nicht, wie ich das richtige Teil identifizieren sollte, wenn jemand danach fragte. Ich hatte kein Auto, also war meine Information über den Lkw dort nur, dass er ein Rad hatte.

Dennoch war ich sehr aufmerksam, und wann immer ich die Inhaber oder den Verkaufsleiter frei hatte, stellte ich tausend Fragen. Mit all dem Kloß im Hals, mit enormer Angst und Scham.

Die Verkaufsleiterin war eine Dame und empfand mich wahrscheinlich als lästig oder sie fühlte sich bedroht, weil ich ihr falsche Informationen gab oder sie mich einfach ignorierte.

Die Sache ist die, dass ich in etwa 2-3 Jahren praktisch die rechte Hand der Eigentümer dieses Unternehmens war. Ich eröffnete das Unternehmen und schloss es. Ich beaufsichtigte die unterstützenden Agenten vor Ort, in...

EINFÜHRUNG

Inventarisierung, Lieferantenmanagement, Cash Management und primäre Buchhaltung.

Wenn ich den Verkäufern erzählte, wie alt ich war, wollten sie mir nicht glauben, weil sie sagten, dass niemand in diesem Alter so hart verhandeln könne. Ich wusste, was ich wollte. Aber etwas in mir fühlte sich nicht richtig an.

Ich begann, wirklich erschöpft zu sein.

Ich arbeitete 10 bis 12 Stunden am Tag, kam dann nach Hause und sah meine Notizen durch, um besser zu werden. Ich war besessen davon, erfolgreich zu sein.

In der Firma lobte mich der Inhaber manchmal, aber manchmal machte er mich schlecht. Er sagte mir, dass ich während des

Vorstellungsgesprächs mit einem Sack über dem Kopf kam, weil ich billige Kleidung trug.

Damals wusste ich nicht, was Mobbing bedeutet. Ich hielt einfach die Klappe und machte weiter, denn zu Hause wuchsen meine Brüder heran, und sie brauchten mehr Dinge.

Ich habe nicht geglaubt, dass ich einen anderen Job außerhalb des Unternehmens bekommen könnte, ich wurde nicht einmal in Betracht gezogen. Zum Teil, weil es mir Spaß gemacht hat. Ich mochte es, Menschen zu helfen und Verkäufe abzuschließen. Ich hatte sehr oft das Gefühl, zu gewinnen.

Und für eine Frau, deren Vater sie nie gesehen hat, die nie eine Wertschätzung erhalten hat, war es für mich enorm, aber so berauschend, jetzt von den Besitzern eine Wertschätzung zu erhalten.

Ich begann, sehr oft Magenschmerzen zu bekommen. Ich habe gerade jetzt welche, wenn ich an diese Zeit denke und daran, wie sehr ich zugelassen habe, dass ich verbal, emotional und psychologisch missbraucht wurde.

Ich wurde nicht korrekt bezahlt, nicht entsprechend dem Wert, den ich brachte. Mit meiner Arbeit haben sie 2 weitere Gehälter eingespart. Das weiß ich jetzt, weil ich ihnen damals so sehr vertraut habe, dass ich dachte, sie wüssten, wie man ein gesundes Geschäft macht.

In der Zwischenzeit bin ich in meinem Privatleben von einem Bruch eine Verlobung mit einer anderen zerbrochenen Beziehung, und seither ist alles in die Brüche gegangen.

Meine Depression ging tief, meine Seele begann, um ihr Recht auf Heilung zu bitten.

Aber schließlich hatte ich den Mut, die Eigentümer um eine Führungsposition zu bitten, von der ich träumte.

Ich erinnere mich noch heute an das Gesicht des Unternehmers. Er war ganz rot und sagte zu mir:

Iulia, du bist keine Anführerin und wirst es auch nie sein.

Und er fing an, mich zu loben und sich daran zu erinnern, wie ich in diese Firma gekommen bin und wie er mich zu dem gemacht hat, was ich bin.

Ich konnte einfach nicht antworten. Ich war so enttäuscht. Vor allem, weil ich mein Vertrauen in jemanden gesetzt habe, der so wenig von mir gesehen hat und den ganzen Ruhm für sich beansprucht hat, ohne auf meine harte Arbeit zu achten. Und nicht genommene Feiertage, gebrochene Weihnachtsfeiertage, weil ich ins Büro kam, um einem Kunden zu helfen, und viele andere…

Ich bin zurückgetreten.

Nur um 2 Monate später wiederzukommen, als sie mich anriefen. Ich hatte kein Vertrauen in mich selbst, dass ich einen anderen Job finden könnte. Ich war so verzweifelt über meine Situation zu Hause, dass ich zugesagt habe.

Aber das war für mich auch eine Lektion, um zu verstehen, dass man, wenn man ein Unternehmen verlässt, wenn eine Beziehung auf diese Weise zerbrochen ist, nie wieder zurückkommt. Menschen ändern sich nur selten, denn Veränderungen erfordern viel harte Arbeit, die nur wenige Menschen bereit sind, auf sich zu nehmen.

Wir hatten eine Abmachung: Ich sollte weniger Verantwortung tragen, damit ich ein Privatleben haben konnte. Aber sie haben mir auch mein Gehalt gestrichen und mir das Privileg genommen, einen Dienstwagen zu haben.

Doch der Teil mit der Verantwortung, den sie nur für ein paar Wochen innehatten, denn viele Leute in der Firma konnten nicht das tun, was ich tat, und schon gar nicht auf dem besessenen Niveau, auf dem ich es tat.

EINFÜHRUNG

Eines Tages war ich wirklich krank. Ich stand unter großem Stress, hatte unerträgliche Bauchschmerzen und konnte mich überhaupt nicht konzentrieren. Ich war völlig ausgebrannt.

Also sagte ich ihnen, dass ich nach Hause gehen würde. Am Nachmittag erhielt ich einen Anruf, in dem ich aufgefordert wurde, zu kommen und zu kündigen. Ich war fassungslos.

Das Unternehmen, dem ich fast 5 Jahre lang diente, warf

mich wie einen Müllhaufen weg, weil ich krank war. Ich bin immer noch stolz darauf, dass ich an diesem Tag für mich selbst einstand und sagte:

"Nein, das ist nicht mein Wunsch. Wenn Sie mit meiner Arbeit nicht zufrieden sind, zeigen Sie mir, was ich falsch gemacht habe."

Sie haben mich gefeuert.

Und sie haben mir einen Dienst erwiesen. Ein paar Monate später wurde ich Filialleiter beim größten Händler für Lkw-Teile auf dem Markt.

Jahre später sprach ich mit der Besitzerin über die Situation und was wirklich passiert war. Sie haben immer noch keine Verantwortung für ihr Verhalten übernommen. Sie beschuldigten andere Kollegen, über mich zu tratschen.

Sie haben immer noch nicht verstanden, dass sie die Eigentümer sind, dass sie die Verantwortung für ihre Entscheidungen tragen. Und für die Folgen ihrer Entscheidungen.

Aber mein Weg zum Vizepräsidenten einer der führenden europäischen Banken, zum Direktor eines Shared Service Center in Saudi-Arabien und zum Unternehmer war alles andere als einfach.

Und dennoch stoße ich auf Vorurteile und Hindernisse.

Das Einzige, was sich geändert hat, ist, dass ich angefangen habe, mehr mit mir selbst zu tun zu haben und zu lernen, Situationen und Menschen besser zu verstehen. Ich bin besser im Management geworden und weiß, wie man mit Krisen umgeht. Ich habe jetzt mehr Vertrauen in mich selbst und in die Dinge, die ich erreichen will, und ich habe aufgehört, die Worte anderer Leute darüber, wie ich sein und was ich tun soll, als selbstverständlich hinzunehmen.

WIE MAN ALS WEIBLICHE FÜHRUNGSKRAFT IN EINER IMMER NOCH PATRIARCHALISCHEN GESELLSCHAFT ERFOLG HAT

Ich habe angefangen, mehr zu sagen und für mich

selbst einzustehen. Menschen für ihre Handlungen zur Verantwortung zu ziehen und diejenigen, die nicht offen für Veränderungen sind, zu verlassen.

Das ist es, was ich Ihnen in diesem Buch vermitteln möchte.

Wir wollen das Bewusstsein für die Dinge schärfen, die in dieser patriarchalischen Gesellschaft falsch sind, aber auch die Vorurteile aufdecken, mit denen wir von unseren Betreuern konfrontiert werden, um sie zu hinterfragen.

Dieses Buch soll auch ein Leitfaden sein, um Ihr Team mit Harmonie und Liebe zu führen. Aus dem Herzen heraus zu führen und dass Sie dabei Spaß haben.

Denn du verdienst die Welt, Frau!

TEIL I: FRAU SETZE DEINE SAUERSTOFFMASKE ZUERST AUF!

Wenn Sie ein Flugzeug besteigen, wird Ihnen beigebracht, was zu tun ist, wenn das Flugzeug eine Störung hat oder abstürzt. Das erste, was du tun musst, ist, deine Maske zuerst aufzusetzen und sie dann deinem Kind anzulegen. Und dafür gibt es einen Grund: Wenn du keine Luft mehr bekommst, kannst du sie deinem Kind vielleicht nicht mehr aufsetzen.

Wenn Sie sich also zuerst um sich selbst kümmern, haben Sie genug Sauerstoff, um auch anderen zu helfen.

Diese Idee kam mir, als ich mein erstes Team leitete, weil mein Privatleben nicht gut war. Ich war von Bezie

hung zu Beziehung gegangen, von einem giftigen Mann zum nächsten.

Und ich merkte, dass sich das auf meine Arbeit auswirkte.

Nicht nur, weil mein Körper so viel Stress hatte und mir ein Zeichen nach dem anderen gab, dass ich mich um mich selbst kümmern sollte, sondern auch, weil ich viele der großartigen Beziehungen zu meinen Kollegen vermisste.

Ob wir es wahrhaben wollen oder nicht, wir sind an unsere

Teammitglieder gebunden. Ich denke, dass jeder Anführer, der sagt, er habe keine, höchstwahrscheinlich ein Psychopath ist.

In diesem Kapitel werde ich einige der schmerzhaften Erfahrungen, die ich gemacht habe, mit Ihnen teilen, aber auch die Lektionen, die ich daraus gelernt habe. Was Sie daraus mitnehmen können, sind Werkzeuge, mit denen Sie anfangen können, eine freudige und gesunde Erfahrung als weibliche Führungskraft zu machen.

Wie Sie Ihr Selbstvertrauen zurückgewinnen

Warum bauen Sie es nicht auf oder entdecken es wieder? Weil Sie es die ganze Zeit hatten. Wir werden mit Selbstvertrauen geboren. Wir werden frei geboren, und Selbstvertrauen ist die Verbindung zu unserem höheren Selbst, zu dem Teil von uns, der unser Herz zum Schlagen bringt. Wir haben vier Pläne: einen physischen (Körper), einen emotionalen (was Sie in Ihrem Körper fühlen), einen geistigen (Ihre Gedanken) und einen spirituellen (viele Menschen nennen ihn ein Stück von Gott, einen Funken oder einen hohen Geist).

Dieser Geist ist derjenige, der uns Berge versetzen lässt. Wir haben nur Angst, ihn anzunehmen. Das ist die große Kraft in uns. Haben Sie schon einmal ein Baby in seinen ersten Monaten beobachtet? Es erkundet mit Zuversicht, wacht auf und versucht es weiter.

Da die meisten unserer Eltern vergessen haben, wer wir wirklich sind, und nicht auf eine Reise der Selbstfindung gegangen sind, haben sie leider die Lehren der unterdrückten Gesellschaften übernommen und die gleichen unbewussten Vorurteile weitergegeben, ohne zu wissen, was sie weitergegeben haben. Und das hat unser Selbstvertrauen erschüttert.

Wo können Sie anfangen?

Mit diesen Vorurteilen. Zu beginnen, sie zu hinterfragen.

Vorurteile sind sich wiederholende Gedanken, die wir uns einreden. Viele von ihnen sind falsch, aber weil wir sie von unseren Eltern erhalten haben, die wir als Kinder als Autorität ansahen und denen wir vertrauten, dass sie wissen und manchmal sagten sie uns, sie wüssten es besser, und heute glauben wir ihnen.

Dann erhalten wir sie in der Schule von Lehrern, die dieselben Informationen über Generationen hinweg weitergegeben haben, ohne sich zu fragen, ob sie noch gültig oder wahr sind.

In meinem Fall vertraute ich meinen ersten Arbeitgebern. Ich dachte, sie wüssten, wovon sie reden, wenn es um das Geschäft geht, also ließ ich mich von ihnen leiten. Auch wenn mein Instinkt mir manchmal etwas anderes sagte oder ich verschiedene Empfindungen in meinem Körper hatte, die mir signalisierten, dass das, was sie taten, nicht richtig war.

Aber weil ich nichts anderes kannte als dieses Verhalten, habe ich ihnen weiterhin geglaubt. Ich habe ihnen weiterhin geglaubt, als sie mir sagten, ich hätte keine Verkaufsfähigkeiten.

In Wirklichkeit geht es beim Verkaufen darum, Menschen zu helfen.

Sehr oft wurde mir gesagt, ich solle einige unethische Techniken anwenden, um unsere Ziele zu erreichen. Aber jedes Mal, wenn ich das tat, habe ich es einfach nicht geschafft. Erstens, weil ich nicht daran geglaubt habe. Und zweitens, weil mir mein Instinkt im Nachhinein sagte, dass dies nicht der richtige Weg war.

Und das war es nicht.

Sie haben eine Stimme in Ihrem Kopf, die Ihnen manchmal Dinge sagt wie: "Oh, ich muss mir heute Abend die Haare waschen", und in manchen Sitzungen sagt sie Ihnen: "Ich muss meinem Kind Kleidung für die Jahresfeier kaufen". Das ist Ihr bewusster Verstand. Das sind etwa 5 % Ihres Verstandes, und der Rest sind die unterbewussten 95 %. Das Unterbewusstsein ist die Ansammlung aller Informationen, die Ihr Verstand registriert hat, seit Sie 6 Wochen alt im Bauch Ihrer Mutter waren.

Aus meiner Erfahrung mit dem Zugang zu meinem Unterbewusstsein und den Studien, die ich über transgenerationale Psychologie gemacht habe, denke ich jedoch, dass besteht auch aus verschiedenen Erinnerungen an Ihre Vorfahren. Aber das ist wahrscheinlich ein Thema für ein anderes Buch.

Konzentrieren wir uns erst einmal auf die Stimme, die Sie in Ihrem Kopf hören. Und nein, Sie sind nicht verrückt. Dieser Teil ist völlig normal.

Ich lade Sie nun ein, eine Übung für etwa 2-3 Wochen zu machen. Nehmen Sie eine kleine Agenda und einen speziellen Stift und schreiben Sie jeden Tag, wenn Sie in der Rolle der Führungskraft sind, in die Agenda, was
kommt mir in den Sinn.

Was sagt diese Stimme?

Um einige meiner persönlichen Beispiele zu nennen:

Ich habe keine Ahnung, wie ichmeine
Arbeit gut machen soll" "Was ist, wenn
ich bei dieser Präsentation stottere? 'Ich
bin dumm'.
Dieser Typ ist schlauer als ich, ich bin so dumm".

Sie hören mir einfach nicht zu, weil ich eine Frau bin" Alltag. Bitte machen Sie diese Übung. Und sehen Sie, was kommt.

Und nach diesen 2-3 Wochen möchte ich, dass Sie diese Liste nehmen und für jeden schlechten Satz, den Sie über sich selbst gesagt haben, 5 Situationen finden, in denen Sie das Gegenteil getan haben.

Zum Beispiel:

Dieser Typ ist schlauer als ich".

- Ich habe zwei Abschlüsse, die ich nicht hätte erlangen

können, wenn ich dumm wäre, oder?
- Ich löse eine Menge Probleme für meine Kunden
- Ich habe ein Unternehmen von 1 Million Euro auf 5 Millionen Euro gebracht usw.

Situationen oder Handlungen, die Ihnen genau zeigen, dass die Stimme in Ihrem Kopf falsch ist.

Danach möchte ich, dass Sie herausfinden, wessen Stimme das ist.

Für die obige Aussage ist diese Stimme in meinem Kopf die Stimme meines großen Bruders, der mich dumm nannte, als ich klein war, und weil meine Mutter die meiste Zeit meine Meinung nicht beachtete und mich immer als meinen großen Bruder bezeichnete, bestärkte diesen Glauben. Hinterfrage diese Vorurteile und finde heraus, wer die Stimme ist.

Denn
Ich wette, das ist nicht wahr. Ich war nie dumm. Mein Bruder hatte einfach nicht die Geduld, mir etwas beizubringen und zu verstehen, dass ich nie so denken kann wie er. Erstens, weil ich nicht er bin, zweitens, weil er sieben Jahre älter ist als ich, drittens hat jeder seinen eigenen Rhythmus und seine eigene Art zu lernen, und schließlich sind seine Talente nicht die meinen und meine nicht die seinen. Es kann also sein, dass er gut in Mathe ist und in etwas ganz anderem gut ist. Und das ist auch völlig in Ordnung.

Zweite Übung:

Dies sind eigentlich 2 Übungen in einer, aber sie sind ziemlich miteinander verbunden.

Der erste Schritt besteht darin, eine Liste der Kurse und Leistungen zu erstellen, die Sie belegt oder erbracht haben. Alles von der High School bis zum College und andere Kurse, die Sie besucht haben. Hast du in der 5. Klasse einen Preis bei einem Wettbewerb gewonnen? Cool, schreib es auf. Wie hast du den zweiten Platz beim Schlittschuhlaufen erreicht? Gut, schreiben

Sie es auf.

Die zweite Phase besteht darin, dass du jeden Tag am Ende des Tages 3 kleine Dinge aufschreibst, die du erreicht hast: Du hast dein Bett gemacht? Cool, schreib es auf. Du hast eine Frist eingehalten? Cool, schreib es auf. Einen Verkauf abgeschlossen? Schreiben Sie es auf. Du hast es geschafft, ins Fitnessstudio zu gehen, obwohl du es ein paar Wochen lang aufgeschoben hast? Cool, schreiben Sie es auf.

Der Sinn dieser Übung besteht darin, Ihrem Verstand klarzumachen, dass Sie ein Überflieger sind. Eine Leistungsträgerin ist eine Frau, die darauf vertraut, dass sie alles erreichen kann, was sie sich vornimmt.

Das ist wichtig, um sich daran zu erinnern, was für eine außergewöhnliche Frau Sie sind, und um Ihnen klar zu machen, dass das Selbstvertrauen in Ihnen den ganzen Tag über vorhanden ist, Sie es nur vergessen haben.

Ein weiterer wichtiger Weg, sich zu erinnern und Selbstvertrauen in sein Herz zu bringen, besteht darin, seine Versprechen an sich selbst zu halten, so viel wie möglich.

Wenn wir für uns selbst eintreten, zeigen wir unserem Gehirn, dass wir vertrauenswürdig sind und dass Sie auf sich selbst zählen können. Das Universum wird sich verschwören, um für Sie da zu sein und Ihnen Möglichkeiten zu bieten, die Sie nie zuvor gesehen haben.

Wird es einfach sein?

Vielleicht auch nicht.

Werden Sie manchmal zurückfallen? Sicher.

Ist das gerechtfertigt?

Aber ja.

Sie haben jetzt zwei Möglichkeiten: Entweder Sie enttäuschen sich weiterhin selbst und leben so wie bisher, oder Sie fangen an, Ihre Versprechen einzuhalten und bekommen, was Ihr Herz begehrt.

Schließen Sie Frieden mit Ihrer Vergangenheit

Das ist etwas komplizierter, denn manchmal kann es erforderlich sein, dass Sie einen Genesungsprozess in einer Psychotherapie durchlaufen, und ich ermutige Sie, dies zu tun, wenn Sie das Gefühl haben, dass Sie es nicht allein schaffen können.

Aus meiner eigenen Erfahrung kann ich sagen, dass sich mein Leben dadurch völlig verändert hat. Indem ich mir Zeit für die Sitzungen und die verschiedenen Transformationsprogramme genommen habe, bin ich zu einer besseren Führungskraft geworden. Gleichzeitig können Sie an meinen Programmen teilnehmen, die Sie auf dieser Reise unterstützen.

Diese Ermutigung kommt auch von meinem Schmerz beim Dübeln Ich beschäftige mich viel mit der Vergangenheit und sehe mich selbst als Opfer meiner Reise durch ein missbräuchliches Umfeld, anstatt mich als Überlebenskünstlerin zu sehen.

Natürlich müssen Sie die harten Emotionen, die in Ihrem Körper stecken, und die Ereignisse, die geschehen, verarbeiten.

Aber wenn Sie als Führungskraft die meiste Zeit darüber nachdenken, welchen Fehler Sie in der Vergangenheit gemacht haben, wird Sie das nur davon abhalten, wirklich die beste Version Ihrer selbst zu werden.

Ich möchte, dass Sie Folgendes bedenken: Sie haben getan, was Sie mit den Mitteln, die Ihnen damals zur Verfügung standen, tun konnten. Seien Sie etwas nachsichtig mit sich selbst!

Andererseits, wenn man sich über das, was man hätte anders machen können, ärgert, schneide ich einfach die großartigen Ideen, die man für jetzt und für die Zukunft haben kann. Man kann die Vergangenheit nicht ändern. Sie ist geschehen und erledigt. Wichtig ist, was du heute für morgen tust. Ziehen Sie Ihre Lehren aus diesen so genannten Fehlern. Ich habe angefangen, jede Situation als Feedback zu betrachten. Darüber, was ich ändern muss, oder was ich nicht tue.
in meinem Geschäft oder in meinem Leben wollen.

Das Leben besteht nur aus einer Reihe von Entscheidungen, und wenn wir diese Entscheidungen treffen, müssen wir auch die Konsequenzen dieser Handlungen berücksichtigen und die Verantwortung für beides übernehmen.

Wahre Selbstfürsorge

Wir sind, wie im vorigen Kapitel erwähnt, auf vier Ebenen unterwegs: physisch, emotional, psychologisch und spirituell).

WIE MAN ALS WEIBLICHE FÜHRUNGSKRAFT IN EINER IMMER NOCH PATRIARCHALISCHEN GESELLSCHAFT ERFOLG HAT

Warum ermutige ich Sie immer wieder, all diese Pläne zu optimieren? Weil sie miteinander verknüpft sind. Wenn ein Plan nicht gut ist, ist es keiner von ihnen.

Fangen wir mit dem körperlichen Teil an. Obwohl ich mir selbst einen fitten Körper wünsche, weiß ich, dass das nicht für jeden gilt, und um ehrlich zu sein, sollten wir so akzeptiert werden, wie wir sind. Solange wir gesund sind. Nicht von einer Zeitschrift abgeschnitten. Es sei denn, man ist ein Model und muss es für eine Präsentation sein. Aber solange man seine Gesundheit nicht in irgendeiner Weise gefährdet. Kein Job auf dieser Welt verdient Ihre Gesundheit (weder körperlich, noch emotional oder mental), Ihr Leben. Heutzutage gibt es viele Möglichkeiten, Geld zu verdienen und seine Talente einzusetzen.

Nichtsdestotrotz ermutige ich Sie, sich zu bewegen.

Ich möchte Ihnen ein Geheimnis über mich verraten: Ich kämpfe immer noch mit PTSD.

All diese Ereignisse und andere, die ich nicht in dieses Buch aufgenommen habe, haben Spuren hinterlassen, und ich bin immer noch dabei, sie zu heilen.

Ich habe Tage, an denen ich noch so beschäftigt bin, dass ich stundenlang vergesse, mich vom Stuhl zu erheben. Das bringt mir eine Menge Angst und Schmerzen in meinem Körper ein. Und die einzige Möglichkeit, sie zu lindern, ist, sich zu bewegen.

Jetzt bin ich besser organisiert, ich habe einen Zeitplan und gehe etwa viermal pro Woche ins Fitnessstudio und am Wochenende viel spazieren. Aber wenn ich schreibe und im Fluss bin, vergesse ich viele Dinge, also stelle ich alle 25 Minuten einen Wecker, um von meinem Stuhl aufzustehen und mich ein wenig im Haus zu bewegen.

Sie müssen einen Weg finden, der für Sie geeignet ist. Der Ihnen Freude macht.

Es gab Zeiten, da hat mir Tennis Freude gemacht, dann das Laufen. Finden Sie Ihre.

Es ist so befriedigend, den Stressabbau nach einem Workout oder sogar einer Tanzstunde zu spüren.

Achten Sie darauf, dass Sie ausreichend essen und trinken. Ich war irgendwann bei 54 Kilogramm, 1,67 cm groß und hatte jede Menge Muskeln. Aber das lag daran, dass ich auf meine Ernährung achtete, viel grünes Gemüse, Obst und Eiweiß aß, ausreichend Wasser trank und im Fitnessstudio trainierte.

Auch hier gilt: Sie müssen nicht wie ein Model aussehen, aber wenn Sie sich mindestens dreimal pro Woche bewegen, sauber essen und trinken, halten Sie den Stress fern.

Es liefert den nötigen "Treibstoff", um eine Menge Dinge zu tun. Als ich dieses Gewicht hatte (das ich sicher wieder

erreichen werde),
Ich hatte ungeheure Mengen an Energie. Die Leute sehen mich an und fragen sich, wie ich Zeit und vor allem Energie habe, um all das zu tun.

Ich leitete ein gemeinsames Dienstleistungszentrum, ich machte meinen zweiten Abschluss, diesmal in Psychologie, ich belegte weitere Kurse, um in meinem Beruf auf dem neuesten Stand zu sein, ich hatte mit dem Trauma meiner Scheidung zu kämpfen, und trotzdem hatte ich noch Zeit, tanzen zu gehen, Zeit mit meinen Freunden zu verbringen, allein zu verreisen, wenn meine Freunde nicht kommen konnten. Um ehrlich zu sein, dachte ich, ich hätte ein unerschöpfliches Reservoir an Energie.

Das werden Sie tun müssen, wenn Sie Ihre Versprechen an sich selbst einhalten.

Lassen Sie uns nun über den Schlaf sprechen.

Ich weiß, dass es Menschen gibt, die behaupten, wir seien unbesiegbar und könnten nur 4-5 Stunden Schlaf gebrauchen, und das stimmt auch. Viele Studien haben jedoch gezeigt, dass man, sofern man nicht über 65 Jahre alt ist, etwa 7 bis 8 Stunden schlafen sollte, damit man richtig funktionieren kann.

Ich möchte Ihnen etwas sagen: Ich glaube, dass ein Großteil der heutigen Autounfälle auf Schlafmangel zurückzuführen ist. Denn Schlafmangel führt zu einem vernebelten Gehirn. Genauso wie Dehydrierung. Wenn Sie beides haben, glauben Sie dann, dass Sie als Führungskraft die richtigen Entscheidungen treffen? Ich sage Ihnen, Sie tun es nicht.

Eine der großen Fähigkeiten, die man als Führungskraft haben muss, ist es, die gut durchdachte Entscheidungen für Ihr Team und Ihr Unternehmen. Schlafmangel führt zu mehr Stress.

Was ich gelernt habe, um einen guten Schlaf zu haben, hat mich von Albträumen zu sieben bis acht Stunden gutem Schlaf gebracht. Und das ist die Schlafhygiene. Wie folgt:

Die letzte Mahlzeit sollte mindestens 3 Stunden vor dem Schlafengehen eingenommen werden. Andernfalls wird Ihr Magen weiter verdauen, anstatt sich darauf zu konzentrieren, den Körper für den Schlaf zu beruhigen.

Keine Bildschirme mit mindestens einer Stunde vor dem Schlafengehen. Jede Art von Bildschirm, obwohl für einige könnten Sie zu schlafen, wird die Qualität nicht gut sein, weil Ihr Gehirn noch in der Rückseite die Bilder vor dem Einschlafen sah verarbeiten. Stattdessen können Sie eine leichte Lektüre zu tun.

Eine heiße Dusche vor dem Schlafengehen und dann ins Schlafzimmer mit einer kühleren Temperatur gehen, etwa 19 Grad.

Totale Dunkelheit im Raum. Es scheint, dass unser Gehirn noch an den völlig dunklen Wald angepasst ist.

Weißes Rauschen. Wenn Sie nicht schlafen können, können Sie weiße Hintergrundgeräusche einschalten. Wenn Sie ein Kind haben, wissen Sie, wovon ich spreche. Wenn nicht, ist das weiße Rauschen dem Geräusch sehr ähnlich, das wir hören, wenn wir im Bauch unserer Mutter sind, und es ist beruhigend.

Ruhen Sie sich über den Tag hinweg aus und überziehen Sie nicht.

Und das kommt von einem Meister der Übertreibung. Als Streberin und Workaholic kann ich Ihnen sagen, dass ich manchmal zu viel Gewicht im Fitnessstudio gehoben habe, wenn ich ins Bett ging, mein Körper immer noch brummte und meine Augen auf die Wände gerichtet waren, um einen guten Schlaf zu finden.

Viele von uns kommen aus Kulturen, in denen der Frau beigebracht wurde, dass sie gemein ist, wenn sie nicht nett ist, wenn sie sich nicht "richtig" verhält. Wir haben das jahrzehntelang in unseren Köpfen, in unserem Unterbewusstsein verankert. Wir sind also so genannte "Pleasers". Wir werden gelehrt von wir haben schon in jungen Jahren gelernt, allen Menschen um uns herum unterwürfig zu sein, außer uns selbst.

Wir sind als freie Geister geboren, doch das Patriarchat sagt uns, dass unsere Aufgabe darin besteht, dem Mann zu gefallen.

Dass wir für den Mann atmen und leben müssen. Dass unser ganzes Wesen einem Mann gehört. In einigen Ländern gilt das immer noch.

Das muss aufhören, denn es wird uns nicht helfen. Ich glaube, dass viele Krankheiten heutzutage durch diese unhinterfragten und nicht umgewandelten Vorurteile verursacht werden.

Finanziell unabhängig sein

Lassen Sie uns etwas klarstellen. Es wird Ihnen nicht gefallen, was ich Ihnen jetzt sagen werde, aber der Grund für Ihren Geldmangel liegt bei Ihnen. Und an Ihrer Fähigkeit, zu Gelegenheiten ja zu sagen, die zu Ihrer Kompetenz und Ihrem Wert passen.

Aber man kann seinen Wert nicht erkennen, solange man nicht weiß, was man wert ist, und das kommt vom Selbstwertgefühl. Solange wir nicht aufhören, miese Gehälter zu akzeptieren, wird sich nichts ändern. Und jetzt werden Sie argumentieren, dass Sie gezwungen sind, dort zu bleiben, weil Sie eine Familie zu versorgen haben. Das verstehe ich, aber nichts hält Sie davon ab, aus Ihrer Komfortzone herauszutreten und nach einer besseren Gelegenheit zu suchen, neue Fähigkeiten für eine
einen anderen Job.

Als ich noch als Kundenbetreuerin arbeitete, hatte ich einen Traum: Ich wollte Direktor werden. Mit einem riesigen Gehalt, Firmenwagen, verschiedenen Boni.

Damals hieß es, dass man härter arbeiten muss, um härter zu werden. Und das habe ich getan. So habe ich meine erste Führungsposition bekommen, bei ein hohes Gehalt, ein schicker Firmenwagen, Reisen und Prämien.

Heute, wo ich Unternehmer bin, weiß ich, dass das nicht mehr stimmt.

Ich bin nicht auf der Suche nach harten Arbeitern. Ich

suche nach einem Mehrwert für mein Unternehmen, nach Fähigkeiten, nach ordentlichen Ergebnissen innerhalb der gesetzten Frist, ich suche nach einem unabhängigen Denker, der meine Mission unterstützen kann.

Informationen sind heute überall verfügbar; man kann sich mit Kursen auf verschiedenen Plattformen großartige Fähigkeiten aneignen. Sie können einfach ein Buch kaufen und das, was Sie darin lernen, in die Praxis umsetzen. Oder Sie treten meiner Community auf meiner Website www.iuliaivan.net bei. Ich teile immer gutes Wissen mit allen.

Und es gibt noch einen weiteren Haken: Ich liebe es, wenn Menschen kommen und fragen, was sie tun können, um sich weiterzuentwickeln, um zu wachsen. Das macht meine Mission so lohnenswert.

Denn ich weiß, dass wir dazu geschaffen sind, uns zu entwickeln, zu wachsen, und wenn Menschen sich das erlauben, leben sie glücklicher und erfüllter.

Um also andere finanzielle Ergebnisse zu erzielen, sollten Sie zunächst aufhören, schlecht bezahlte Jobs anzunehmen. Wenn Sie einen solchen haben, sprechen Sie mit Ihrem Vorgesetzten über eine Änderung. Lernen Sie, Ihr Gehalt zu verhandeln. Wenn Sie nicht wissen, wie man das macht, wenden Sie sich an mich, ich habe einen Minikurs dazu.

Wenn der Vorgesetzte nichts tun kann, ist es nur fair, sich außerhalb des Teams nach anderen Möglichkeiten umzusehen, außerhalb des Unternehmens, oder sogar ein eigenes Unternehmen zu gründen (aber nur, wenn man die Risikobereitschaft dazu hat, ansonsten ist es völlig in Ordnung).

Wenn Sie sich nach einer neuen Stelle umsehen, stellen Sie sicher, dass Sie vorher mit einer anderen Einstellung begonnen haben. Das bedeutet in erster Linie, dass Sie für die jetzige Stelle dankbar sein sollten.

Die Tatsache, dass Sie mehr wollen, ist völlig normal, aber die Wenn Sie sich in einem Zustand der Verbitterung befinden, werden Sie nur die gleiche Art von Arbeit mit der gleichen

Einstellung anziehen.

Deshalb lade ich Sie ein, zunächst die Vorteile zu betrachten, die Sie hier und jetzt haben, und zu überlegen, welche anderen Vorteile Sie in Ihrem Leben insgesamt durch diesen Job haben. Ein Beispiel könnte sein, dass Sie Teil eines großartigen Teams sind, von dem Sie auch außerhalb Ihrer Arbeit etwas lernen können, dass Sie einen flexiblen Zeitplan haben, der es Ihnen ermöglicht, Ihr Kind bei einigen Veranstaltungen zu sehen. Solche Dinge. Sicherlich gibt es noch andere Vorteile, die Sie noch nicht gesehen haben. Finden Sie mindestens 10 Vorteile.

Stören Sie.

Das heißt, wenn Sie Ideen haben, wie Sie Ihre Aufgaben verbessern können, oder Ideen, die sich auf andere Aufgaben im Team beziehen, sprechen Sie darüber. Stellen Sie eine Präsentation zusammen und zeigen Sie sie Ihrem Vorgesetzten. Das zeigt, dass Sie engagiert sind. Das wird zählen, wenn Sie eine Gehaltserhöhung verlangen.

Wenn Sie ein anderes Ergebnis bei Ihrer Gehaltsabrechnung wollen, müssen Sie die Dinge anders angehen.

Lassen Sie uns nun über die persönlichen Ausgaben sprechen.

Der Grund, warum einige meiner früheren Kollegen um eine Gehaltserhöhung baten, war oft, dass sie den Lebensstil der anderen sahen und es auch wollten.

Doch zwei Dinge konnten sie nicht sehen:

Sie würden nicht berücksichtigen, was diese Menschen tun, um so viel Geld zu haben.

Sie erwarteten, dass das Unternehmen ihr Gehalt erhöhen sollte, nur weil sie ein neues Auto bekamen und der Tarif höher war, als sie sich leisten konnten.

Ich möchte Sie ermutigen, zu lernen, wie Sie Ihr Geld verwalten. Wenn Sie wissen, wie Sie Ihre Finanzen verwalten können, werden Sie auch wissen, wie Sie das Budget Ihrer Abteilung oder Ihres Unternehmens richtig verwalten können.

Ich weiß, dass diese Art von Informationen in der Schule gelehrt werden sollten, wir müssen lernen, wie man Teil einer Gesellschaft ist, und der Umgang mit Geld sollte ein ganzes Jahr lang behandelt werden.

Aber ich werde Ihnen einige Leitlinien an die Hand geben.

Nehmen Sie zunächst einen ganzen Monat lang ein kleines Notizbuch und notieren Sie täglich alle Ausgaben, die Sie hatten. Ich meine alle!

Wie bei jeder guten Veränderung, die Sie in Ihr Leben oder Ihr Unternehmen bringen wollen, sollten Sie zuerst prüfen.

Es geht also um eine Bewertung, um herauszufinden, wofür Sie Ihr Geld ausgeben.

Trennen Sie dann zwischen Bedürfnissen und Wünschen.

In den Bedarfsstapel kommen nur die notwendigen monatlichen Einkäufe: Rechnungen, Miete oder Hausrate, Autorate, Benzin, Lebensmittel, Medikamente, wenn Sie eine Krankheit haben, Psychotherapie, wenn Sie eine schwere Zeit durchmachen, usw.

Zu den Bedürfnissen gehören nicht Zigaretten, Alkohol, Mittag- oder Abendessen, die ständig an Freunde bezahlt werden. Übrigens, wenn Sie derjenige sind, der ständig zahlt, sind es nicht Ihre Freunde.

Das Bezahlen von Benzin für alle Fahrten mit Ihren Freunden ist nicht notwendig.

Ich weiß, dass du denkst, dass ich in dieser Hinsicht hart bin und dass du dadurch viele Freunde verlieren wirst, aber erlaube mir, zu definieren, was eine Freundschaft ist: Es ist eine Beziehung, in der man eine gute Zeit miteinander verbringt und sich gegenseitig in guten und in schweren Zeiten unterstützt.

Wenn Sie jetzt mehr Geld verdienen und ein Leben in Fülle führen wollen, bedeutet das, dass Sie einige Veränderungen vornehmen müssen. Und in diesem Fall sollte dein Freund dabei sein und sich die Rechnungen mit dir teilen. Denn er sollte sich für dich freuen, dass du daran arbeitest, ein besseres Leben zu führen.

Ein Freund sollte dich als Person mögen und akzeptieren, nicht als das, was du in seinem Namen bezahlst.

TEIL I: FRAU SETZT IHRE SAUERSTOFFMASKE ZUERST AUF!

Und damit sind wir bei einem weiteren Punkt, wie Sie mehr Fülle in Ihr Leben bringen können: umgeben Sie sich mit Menschen, die eine Wachstumsmentalität haben. Sie konzentrieren sich darauf, gute Dinge in der Welt zu tun, Menschen, die daran arbeiten, ihr Leben positiv zu verändern.

Jemand hat einmal gesagt, dass man die Summe der fünf Menschen ist, mit denen man sich umgibt, und das ist so wahr.

Als ich meinen ersten richtigen Job hatte, gehörte ich noch zu einer Gruppe von Leuten, ehemaligen Schulkollegen. Da ich hart arbeitete, erhöhte sich mit der Zeit mein Gehalt, und ich hatte einen Firmenwagen, den ich in meiner Freizeit nutzen konnte.

Und weil niemand daran dachte, wie ich mein Geld richtig verwalte, wollte ich nur viele der Dinge tun, die mir mein Vater als Kind und Jugendlicher verboten hatte. Ich rief meine Freunde an und ging so oft wie möglich aus, aber niemand in der Gruppe schien mich zu fragen oder mir anzubieten, das Benzin zu bezahlen. Da ich mehr Geld verdiente als die anderen in der Gruppe, kaufte ich oft Zigaretten (ja, ich bin seit 7 Jahren ehemaliger Raucher) und Getränke. Ich habe damals viel gutes Geld ausgegeben. Während ich im College war und für meine Steuern.

Ich wurde wachgerüttelt, als meine beste Freundin sich Geld von mir lieh, um ihre Studiengebühren zu bezahlen, und als der Zahltag kam, reagierte sie nicht auf meine Anrufe. Und dann verschob sie das Datum der Rückgabe immer weiter.

Als ich darauf bestand, weil ich auch Geld für meine Mutter brauchte, ließ sie ihre Wut an mir aus:

'Was glaubst du, warum wir dich hier behalten? Weil wir dich mögen? NEIN! Wir mögen dich, weil du für einen Drink bezahlst, immer Zigaretten hast und uns im Auto mitnimmst, wann immer wir wollen! Mehr nicht!

Obwohl es für mich an diesem Tag eine schmerzhafte Lektion war, habe ich erkannt, was für einen großen Fehler ich gemacht habe. Die Menschen müssen verantwortlich sein für ihre eigenen Ausgaben. Denn die Wahrheit ist, dass keiner von ihnen an meinen Arbeitsplatz kommt, um meine Arbeit und meine Verantwortung zu teilen. All das habe ich getan. Dann begann ich die nächste Phase der Finanzverwaltung, die ich mit Ihnen teilen werde.

Streichen Sie alle unnötigen Ausgaben. Ich weiß, dass einige von Ihnen sagen werden: "Was soll's? Warum arbeite ich, wenn ich mir keine schicke Tasche leisten kann oder meine Nägel 2 Mal im Monat im Salon machen lassen kann?

Ich sage nicht, dass man sie alle streichen soll. Aber ich möchte, dass Sie sich die Frage stellen: Für wen kaufen Sie diese Produkte? Für sich selbst oder um mit Ionescu mithalten zu können? Um als cool wahrgenommen zu werden?

In diesem Fall schaden Sie Ihrem zukünftigen Selbst, anstatt eine stabile finanzielle Situation für sich selbst zu schaffen.

Wenn deine Freunde dich nur mögen, weil du Gucci trägst, sind sie keine echten Freunde, die dich um deiner selbst willen mögen.

Nachdem Sie Ihre unnötigen Kosten gestrichen haben, werden Sie sehen, dass Sie mehr Geld zur Verfügung haben werden. Wenn Sie Schulden für Lebensmittel usw. haben, fangen Sie an, sie zu bezahlen. Und fangen Sie mit kleinen Beträgen an. Auf diese Weise bringen Sie Ihrem Gehirn bei, dass es gar nicht so schlimm ist, seine Schulden zu bezahlen, sondern dass es ganz normal ist, alle Schulden zu tilgen.

Nachdem Sie Ihre Schulden abbezahlt haben, legen Sie ein Sparkonto an und beginnen Sie zu sparen, bis Sie für 6 Monate bis zu einem Jahr über die monatlichen Lebenshaltungskosten verfügen. Für den Fall, dass Sie Ihren Job verlieren oder Ihr Unternehmen nicht mehr rentabel ist, haben Sie zumindest eine Absicherung, bis Sie wieder auf die Beine kommen.

Wenn Sie dies erreicht haben, investieren Sie mindestens 10 % Ihres Einkommens, oder wenn Sie mehr tun können, investieren Sie es. Fangen Sie an, Kurse über Investitionen zu besuchen, finden Sie Ihr Anlegerprofil und beginnen Sie, Ihr Portfolio zu erstellen oder zu handeln.

Denken Sie in großen Dimensionen, denn Geld eröffnet Ihnen viele andere Möglichkeiten und gibt Ihnen bessere und andere Optionen, als wenn Sie kein Geld hätten. Es gibt Ihre Freiheit.

Die Freiheit, toxische Beziehungen abzulehnen, die Freiheit, toxische Arbeitsumgebungen abzulehnen, die Freiheit, verschiedene Optionen für den Fall zu haben, dass Sie oder Ihre Familie ein Gesundheitsproblem haben, die Freiheit, verschiedene Optionen zu haben, wo Sie leben wollen, wo Sie Ihre Kinder zur Schule schicken wollen, und ich könnte noch mehr darüber sagen, aber ich habe noch eine Menge Themen, über die ich mit Ihnen sprechen möchte.

Machen Sie sich eine Visionstafel, wie Ihr Leben aussehen soll. Und fangen Sie an, mit Zahlen zu planen. Willst du ein Auto? Welche Art von Auto? Details und Summe daneben. Willst du ein Haus? Welche Art von Haus? Suchen Sie den Preis und schreiben Sie ihn daneben. Und so weiter.

Wenn Sie dies tun und es planen, arbeitet das Universum für Sie und bringt Sie auf den Weg, diese Ziele zu erreichen.

Und zweitens, wenn Sie eine Vision haben, wird sie Sie durch schwierige Zeiten begleiten, denn auch diese werden kommen. Niemand ist vor Herausforderungen geschützt. Aber klare Ziele zu haben, bereitet deinen Geist darauf vor, dich zu unterstützen, sie zu überwinden.

Sich selbst gegen Diskriminierung zu wehren, bedeutet, für alle Frauen einzutreten

Ich werde Sie nicht anlügen und Ihnen sagen, dass es so etwas nicht gibt oder dass ich davon nicht berührt wurde oder nie berührt werden werde. Ich war es, ständig.
Und das tat weh, manchmal tut es das immer noch.

Die Tatsache, dass Sie eine Frau sind, Sie sind schön und wenn Sie auch noch gut aussehen, werden Sie viel Aufmerksamkeit bekommen. Doch manchmal ist diese Aufmerksamkeit nicht unbedingt gesund. Manche Menschen werden dich dafür hart verurteilen.

WIE MAN ALS WEIBLICHE FÜHRUNGSKRAFT IN EINER IMMER NOCH PATRIARCHALISCHEN GESELLSCHAFT ERFOLG HAT

Vor ein paar Jahren hatte ich ein letztes Vorstellungsgespräch bei einer großen Bank für eine COO-Position, und als ich dem leitenden Angestellten erzählte, dass ich in meiner Freizeit auch als Mentor für Frauen tätig bin, sagte er, ich sei viel zu jung dafür, was hätte ich diesen Frauen beizubringen?
Ich war fassungslos. Ich habe beruflich geantwortet, und ich weiß, dass jede Person ohne Grundlage mir den Job geben würde, ich hatte die Erfahrung, alle Fähigkeiten, ich hatte Führungs-Charisma, alles. Dennoch erhielt ich ein paar Tage später einen Anruf von dem leitenden Angestellten, der mir eine niedrigere Position anbot. Als ich ihm sagte, dass ich das Angebot nur annehmen würde, wenn wir mich in 6 Monaten für die Position des COO neu bewerten könnten, sagte er: "Nein, das ist nicht möglich, ich bin viel zu jung.
für den COO".

Am nächsten Tag rief mich die Personalchefin an und fragte mich, warum ich die Stelle abgelehnt habe, denn alle Leiter des Vorstellungsgesprächs waren begeistert, dass ich dem Team beitreten würde.

Ich habe nicht

'Das dachte ich mir schon, denn die endgültige Entscheidung war, einen Mann einzustellen, der weder über Ihre Erfahrung noch über Ihre Fähigkeiten verfügt'.

Der Typ war jünger als ich.

Hätte ich mich einfach in mein Bett verkriechen und mich nie auf eine C-Level-Position bewerben sollen?

Verdammt, NEIN.

Ich weigere mich, weiterhin ein Opfer zu sein.

Die Dinge sind so: Ich wurde schon als VP gemobbt, ignoriert und nicht beachtet, weil ich schön, lustig und offen bin. Und die Leute können nicht begreifen, dass ich auch klug bin. Die meisten Leute denken, dass man entweder klug oder schön ist. Man kann nicht beides sein. Und sie könnten nicht falscher sein.

Einmal, in einer meiner Führungspositionen, hatten wir ein Treffen mit einem der Eigentümer des Unternehmens, der nicht Rumänisch. Und während unserer Treffen haben wir über Geschäfte gesprochen, aber wir hatten auch Spaß. Und dann hat das Team mit ihm zu Abend gegessen, und wir haben den Abend genossen.

Am nächsten Abend ging ich die Treppe hinunter, um nach Hause zu gehen, und er rauchte draußen. Er erzählte mir einen Scherz:

Jetzt gehst du und setzt den Spaß fort.

Nein, ich werde tatsächlich studieren, ich mache meinen zweiten Abschluss, dieses Mal in Psychologie.

Er riss die Augen auf und verschluckte den Rauch seiner Zigarette vor lauter Überraschung. Und er änderte sofort seine Haltung und wurde professioneller.

Manche Männer sind nicht in der Lage, am Arbeitsplatz professionell zu sein und sich richtig zu verhalten, wenn sie sich zu Ihnen hingezogen fühlen. Und Sie müssen klare Grenzen setzen.

Andernfalls kommt zur Diskriminierung noch mehr Diskriminierung hinzu.

Wir wissen bereits, dass wir unterbezahlt und überarbeitet sind und nach der Art unserer Kleidung, unserem Alter usw. beurteilt werden.

Eine Frau, Chefin der Belegschaft eines großen Unternehmens, untersuchte die Art und Weise, wie sie Leute einstellten. Viele leitende Angestellte würden bei der Auswahl eines Mannes auf der Grundlage seines Potenzials vorgehen, während Frauen auf der Grundlage ihrer Erfahrung und Fähigkeiten ausgewählt würden.

Ich kann Ihnen mit Sicherheit sagen, dass ich eine Situation hatte, in der mein Vorschlag, Mütter einzustellen oder Mütter in Führungspositionen zu befördern, abgelehnt wurde. Mit der Begründung, dass Mütter nicht in erster Linie loyal gegenüber Unternehmen sind.

Nein, natürlich nicht. Welcher vernünftige Mensch würde einem Unternehmen die Treue halten, das nicht in erster Linie den Mitarbeitern gegenüber loyal ist und deren Werte unterstützt?

Ich hatte eine gute Freundin, der eine Stelle, die mit Reisen verbunden war, verweigert wurde, weil sie Mutter ist. Auch wenn sie erklärt dass die Entscheidung, sich um die Stelle zu bewerben, zu einem großen Teil auf das Reisen zurückzuführen ist.

Das Schlimmste daran war, dass der Gesprächspartner, der ihre Bewerbung abgelehnt hatte, eine Frau war.

Warum wird einem Mann eine Stelle oder eine Beförderung nicht verweigert, weil er Vater ist?

Aber als ich mir diese Fragen stellte, wurde mir klar, dass wir uns selbst in der Opferrolle halten. Deshalb konzentriert sich unser Verstand nur darauf und verliert viel Energie für das Problem, aber nicht für die Lösung.

Ich verwandle das in einen anderen Zustand: ein Überlebender, ein Kämpfer. Sollten wir Diskriminierung

akzeptieren? Nein. Aber wenn ich gebeten werde, mich anders zu kleiden, weil das Unternehmen dies verlangt, bedeutet das zwei Dinge: Entweder ich setze mich nicht für mich selbst ein und sage ihnen, dass dies
ist nicht richtig, oder ich bin in der falschen Gesellschaft.

Das Schöne an der Rückeroberung meiner Macht ist, dass ich die Kontrolle über mein Leben habe und selbst bestimmen kann, was ich akzeptiere oder nicht. Keine Sorge, wenn Sie dies anwenden und sich auf das konzentrieren, was Sie sich wünschen, anstatt auf das, was ist, werden sich die Dinge ändern. Du wirst anfangen, Gelegenheiten und Partnerschaften anzuziehen, die dich respektieren und dich als die starke Frau, die Sie sind.

Aber lassen Sie sich nicht von den Meinungen und Verhaltensweisen anderer in ein Opfer verwandeln.
Sei ein Überlebenskünstler.

Und, meine Dame, es ist nicht Ihr Problem, das Verhalten der Männer zu ändern und darauf zu warten, dass sie sich ändern.
Veränderungen sind schwierig und nicht jeder macht sie mit.

Wenn Sie das Glück haben, Männer um sich zu haben, die sowohl beruflich als auch persönlich an sich arbeiten, dann kann ich verstehen, warum Sie denken, dass Sie dabei bleiben sollten. Schauen Sie sich mehr an, was sie tun, **und weniger auf das, was sie sagen.**

Achten Sie mehr auf das, was Männer tun, und weniger auf das, was sie sagen.

TEIL II: DIE HARTEN TEILE DES MANAGEMENTS, VOR DENEN VIELE FÜHRUNGSKRÄFTE DAVONLAUFEN

Die Wahrheit ist, dass Management schwierig ist.

Nur wenige Unternehmen wissen, dass eine Führungskraft aus psychologischer Sicht höchstens vier oder fünf Teammitglieder unter direkter Aufsicht haben sollte.

Ich erinnere mich, dass ich irgendwann zwanzig hatte. Kein Wunder, dass ich mich beim Burnout ziemlich zurückgehalten habe.

Ich habe in und mit genügend Unternehmen gearbeitet, um zu verstehen, dass viele von ihnen keine Ahnung haben, was sie von einer Führungskraft verlangen sollten, was genau eine Führungskraft tun sollte, wie die Leistung bewertet werden sollte und vor allem, wie man eine Führungskraft unterstützt.

Im Internet kursieren viele Zitate, dass Führungskräfte

geboren und nicht gemacht werden. Ich glaube jedoch, dass die Menschen, die Fans dieses Zitats sind, entweder fehlerhaftes Management praktizieren oder in den sozialen Medien gut aussehen wollen, damit ihre Teams sehen, wie gut sie als Manager sind.

Ich glaube, dass Management wie jedes andere Talent ist: Man kann damit geboren werden und die Leute würden einem folgen, aber man muss trotzdem alles lernen, was darunter liegt.

Management bedeutet im Allgemeinen einen Eimer voller Einstellungen, Entlassungen, Organisation, Planung, Kontrolle und die Schaffung oder Anwendung einer Organisationskultur.

Andererseits kann die Führungsebene je nach Organisation und Organigramm unterschiedlich sein:

Die untere Führungsebene, zu der auch die stellvertretenden Führungskräfte und die Teamleiter gehören, setzt die Weisungen der mittleren Führungsebene direkt um.

Mittlere Führungskräfte - sie verwalten Ressourcen, stellen Mitarbeiter ein, kontrollieren, haben eine kurzfristige Vision, initiieren, akzeptieren den Status quo und folgen den Anweisungen von Führungskräften und Senior Managern.

Führungskräfte (geschäftsführende Gesellschafter, C-Level, Vizepräsidenten usw.) haben andere Aufgaben: Sie sind die Visionäre, sie innovieren, entwickeln, inspirieren, haben eine langfristige Vision, behalten den Markt im Auge und schaffen und hinterfragen den Status quo.

In diesem Buch werden wir mehr über das mittlere Management sprechen, und die Geschäftsführung wird das Thema meines nächsten Buches sein. Doch einige dieser Informationen werden Sie als Unternehmer sicherlich unterstützen.

Planung

Dieser Teil war für mich immer beängstigend. Ich weiß nicht, warum. Und eine Untersuchung von 500 Führungskräften hat ergeben, dass auch sie Widerstände haben. Nur 1 % von ihnen planten, obwohl sie sich alle einig waren, dass die Planung der wichtigste Schritt ist, um gute Ergebnisse zu erzielen.

Alle Ziele und Schlüsselergebnisse müssen durch einen Plan unterstützt werden. um sie in der realen Welt zu verwirklichen. Sonst bleiben sie nur Träume.

Ich werde Ihnen mein kleines Geheimnis verraten, wie ich plane.

Ich verwende ein 5-Schritte-System, das ich aus Demir Bentleys Buch Winning the Week kenne. Aber bevor ich die Woche plane, plane ich zu Beginn des Jahres, dann für ein Trimester, monatlich und schließlich wöchentlich.

Ich nehme mir im Dezember etwa 2 Wochen Zeit, um das vergangene Jahr zu bewerten und darüber nachzudenken, was ich im kommenden Jahr beruflich und persönlich erreichen möchte.

Manchmal erreiche ich nicht alle Ziele, die ich mir für das Jahr gesetzt habe, und ich lerne, mich dafür nicht zu verurteilen. Wenn es nicht geklappt hat, analysiere ich, warum, und wenn ich den Grund nicht finde, lasse ich es sein. Vor kurzem habe ich verstanden, dass es nicht hilfreich ist, etwas zu erzwingen, und dass es mich nicht dabei unterstützen wird, es zu erreichen. Es könnte einfach bedeuten, dass das Ziel nicht für mich geeignet ist, dass es nicht der richtige Zeitpunkt ist oder dass ich etwas anderes lernen muss, um das Ziel zu erreichen.

Jedenfalls war die Planung, wie gesagt, für mich ein großes Kopfzerbrechen.

Demir lehrte mich in einem seiner Seminare, dass ich diesen Widerstand in Verlangen umwandeln sollte. Deshalb habe ich ein ganzes Erlebnis rund um die Planung geschaffen.

Jede Woche nehme ich mir 30 Minuten Zeit, um die Woche zu planen. Der Haken an der Sache ist, dass ich mir eine Tasse meines Lieblingstees zubereite, ein Croissant daneben stelle, etwas Jazz auflege und anfange zu planen. Und während ich das tue, stelle ich mir vor, dass ich in einem der Cafés der Welt sitze und meine Woche plane. Denn ich liebe es zu reisen und neue Tees und Kaffees zu probieren, wo immer ich bin. Und das tue ich, wenn ich reise, und wenn ich nicht reise, stelle ich mir vor, dass ich dort bin.

Das ist mein Spiel. Aber Sie können Ihr eigenes kreieren. Stellen Sie sich ein schönes Erlebnis vor und bringen Sie es neben sich, bevor Sie es einstellen.

für die Planung um Sie herum einige Elemente aus der imaginären Erfahrung. Fast wie ein Ritual.

Die 5-Schritte-Methode von Demir lautet wie folgt:

Schritt 1. Eine Lektion lernen

Wenn Sie noch keine Planung vorgenommen haben, versuchen Sie sich an die letzte Woche oder den letzten Monat zu erinnern, was genau die Fehler in Ihrem Kalender waren.

Nachdem Sie eine Woche lang geplant haben und wieder anfangen, bewerten Sie die letzte Planung. Was lief gut, was lief schief? Und denken Sie daran, dass die Planung eine fortlaufende Arbeit ist. Je länger Sie üben, die Fehler bewerten und korrigieren, desto besser werden Sie darin.

Schritt 2. Wählen Sie die Priorität der Hebelwirkung

Ich weiß, dass alles eine Priorität zu sein scheint. Und sehr oft steckt man als Führungskraft im Tagesgeschäft fest, alles ist ein Notfall. Nur das ist es nicht.

Hier würde ich hinzufügen, dass man die Leute ihre Arbeit machen lassen und sie auffordern sollte, selbst Lösungen zu finden, anstatt ihnen zu sagen, was sie tun sollen. Sie werden sehen, wie viel freie Zeit Sie haben werden.

Dann stellen Sie sich einige Fragen:

Was kann ich diese Woche tun, damit die nächste Woche leichter wird?

Wenn Sie eine Aufgabe auf Ihrer To-Do-Liste haben, fragen Sie sich: Wie, auf welche Weise, erleichtert diese Aufgabe mein

Leben/ meinen Job?
Wie kann diese Arbeit/Aufgabe leichter erledigt werden? Delegieren Sie! Schritt 3. Befragen Sie Ihren Kalender
Tun Sie es ernsthaft.

Es gibt Tage, an denen ich einige meiner Sitzungen vergesse, so wie heute, als ich dieses Kapitel schrieb.

Ich drehte gerade ein Video für TikTok, als ich eine Erinnerung erhielt, dass ich in 30 Minuten ein Treffen mit einem Kunden hatte. Das Gute daran ist, dass ich mir manchmal eine Stunde oder 30 Minuten vor dem Treffen eine Erinnerung setze, um meine Notizen nachzuholen, mich vorzubereiten und einige strategien. Andernfalls hätte ich ein gutes Treffen vergeigt. Hinterfragen Sie also, was in Ihrem Kalender steht, und stellen Sie sicher, dass Sie auch die persönlichen Treffen hinzufügen. Sie wollen Ihrem Kind nicht Ihre Anwesenheit bei einem besonderen Ereignis vorenthalten, nur weil Sie einen Geschäftstermin vereinbart haben.

Treffen und haben die Veranstaltung Ihres Kindes
völlig vergessen. Schritt 4. Sortieren Sie Ihre Aufgabenliste

Ich habe das erlebt, ich habe mich auf unwichtige Aufgaben konzentriert, und ich kämpfe immer noch damit. Ich habe dich verstanden.

Wenn Produktivitätscoaches sprechen, scheint es so einfach zu sein, einfach auf die Aufgabenliste zu schauen und in Anlehnung an das Buch von Brain Tracy - Eat that frog, mit der schwierigsten Aufgabe zu beginnen.

Doch die Frage, die ich mir gestellt habe, lautet: Was können wir, die Frauen, die aus instabilen Familien kommen, die an ADS und ADHS leiden, dagegen tun?

Und die Antwort lautet: Praxis.

Schauen Sie sich die Liste an und stellen Sie sich
diese Fragen: Ist diese Aufgabe für meine Ziele relevant?

Kann diese Aufgabe delegiert werden? Kann sie ausgelagert werden? Kann diese Aufgabe geteilt werden, um Zeit zu sparen?
Kann diese Aufgabe von meiner Liste entfernt werden?

Um Ihnen ein kurzes Beispiel zu geben: Ich putze nicht gerne. Aber ich mag auch keine Unordnung. Und wenn ich putze, brauche ich Stunden dafür, weil ich jeden Fleck, jedes Staubkorn sehe. Nicht auf eine zwanghafte Weise, aber fast.

Ich habe eine kurze Rechnung aufgestellt: Wie viel kostet mich eine Putzfrau, die einmal pro Woche kommt, im Vergleich zu den Stunden, die ich in das Wachstum meines Unternehmens investiere?

Sie können sich leicht vorstellen, dass die Einstellung einer Putzfrau die effektivste und optimalste Entscheidung war, die wir treffen konnten.

Einfache Dinge wie diese können Ihr Leben viel einfacher und besser machen.

Schritt 5. Ordnen Sie den Zeitbedarf dem Zeitangebot zu.

Im Grunde geben Sie sich selbst Fristen. Für alles, was Sie sich in den Kalender eintragen. In beruflicher und persönlicher Hinsicht.

Willst du mit den Kindern in den Park gehen? Cool, wie viel Zeit? 1h -2h?

Wollen Sie jeden Morgen eine Besprechung mit Ihrem Team abhalten? Sicher, maximal 15 Minuten. Aber bitte machen Sie Ihr Team nicht mit stundenlangen Besprechungen verrückt, bei denen es benommen und orientierungslos nach Hause geht.

Machen Sie das Beste aus Ihrer Zeit!

Und habe ich das schon erwähnt? Sie müssen dies auf der Grundlage Ihrer jährlichen, vierteljährlichen und monatlichen Ziele tun, die Sie haben.

Organisation

Sie müssen etwas verstehen: Wenn Ihr Team chaotisch ist, liegt das daran, dass Sie an erster Stelle stehen. Ich weiß, dass Sie das nicht gerne lesen, aber Sie müssen das anerkennen, um etwas zu ändern. Eine Führungskraft führt aus ihrer Energie heraus. Alles, was Sie in Ihrem Team falsch sehen oder was es tut, ist also in erster Linie Ihr Verdienst.
Ort.

In Rumänien haben wir ein Sprichwort: Der Fisch stinkt vom Kopf her.

Das heißt, wenn ein Team nicht synchron arbeitet, müssen Sie sich selbst darauf einstellen.

Fangen Sie zuerst an, sich selbst zu organisieren.

Legen Sie dann klare Ziele für das gesamte Team fest. Welche Ergebnisse müssen Sie als Team erzielen? Legen Sie auf der Grundlage der Ergebnisse ein übergeordnetes Ziel und dann Ziele für jedes Teammitglied fest.

WIE MAN ALS WEIBLICHE FÜHRUNGSKRAFT IN EINER IMMER NOCH PATRIARCHALISCHEN GESELLSCHAFT ERFOLG HAT

Ihre Ziele als Team müssen dem Auftrag des Unternehmens dienen. Sie müssen klar und messbar sein.

Steve Jobs sagte, dass "Innovation bedeutet, zu vielen Dingen nein zu sagen". Und das ist so wahr. Ich habe so viele Führungskräfte erlebt, mich selbst eingeschlossen, die sich auf viele Dinge konzentrieren, die nicht unbedingt zum Wachstum des Unternehmens beitragen. Nur um ihren Terminkalender voll zu bekommen.

Betriebsamkeit wird oft belohnt. Sie wird als ein Zeichen von Erfolg angesehen. Doch die Ergebnisse sind alles andere als erfolgreich.

Diese Ziele sollen erstens dafür sorgen, dass Sie sich konzentrieren und sich nicht von anderen Dingen ablenken lassen. Und zweitens, Sie dabei zu unterstützen, bemerkenswerte Ergebnisse zu erzielen.

Die Sache ist die: Sie müssen wissen, wie diese Ergebnisse aussehen.

Ich hatte zum Beispiel einmal eine Kundin, deren Ziel es war, ihr Geschäft zu vergrößern, und wir waren uns einig, dass sie in erster Linie ihren Umsatz steigern musste. Beim ersten Treffen mit dem Vertrieb nahm ich aus dem Hintergrund an dem Gespräch teil.

Sie hat sich kein klares Ziel gesetzt. Sie hat
das Verkaufsteam gefragt:
Haben Sie die Kunden angerufen? '

Und wenn der Verkäufer nur ja sagte, ging sie einfach weiter.

Zuvor wurde keine Analyse durchgeführt, um die Anzahl der Kunden zu ermitteln, welche Produkte sich besser verkaufen und welche nicht, wie viele Anrufe das Verkaufsteam pro Tag tätigte, welche erfolgreich waren und welche nicht, und warum sie nicht erfolgreich waren. Es gab keine Zielvorgaben für die Anzahl der Produkte oder für die Einnahmen. Sie bezahlte einen Großteil der Verkäufer für fast nichts. Und sie hatte ein gutes Team.

Wenn Sie sich Ziele setzen, sollten Sie diese zwischen 3 und 5 festlegen. Weniger als das wird die Arbeit nicht erledigen, mehr bringt

TEIL II: DIE SCHWIERIGEN MANAGEMENTAUFGABEN, DIE VIELE FÜHRUNGSKRÄFTE AUSFÜHREN...

unnötiger Stress für die Teammitglieder. Sie werden sie nur als einen großen Elefanten sehen und Widerstand leisten.

Die Ziele müssen echte Probleme in Ihrem Unternehmen lösen, und die wichtigsten Ergebnisse sollten das Resultat sein.

Nachdem Sie die Okr's festgelegt haben, beginnen Sie mit deren Bewertung. Ich habe in einem Unternehmen gearbeitet, und ich kann sagen, dass viele Leute das Konzept liebten, aber die Art und Weise, wie es angewendet wurde, war fast ein Witz.

Abgesehen davon, dass sie nicht klar waren, wurde die Bewertung der Ziele erst am Ende des Jahres vorgenommen. Dieser Zeitrahmen ist viel zu lang, um zu erkennen, ob die Teammitglieder auf dem richtigen Weg sind, ob die Ziele richtig gesetzt wurden oder ob es einiger Änderungen bedarf, um die wichtigsten Ergebnisse zu erreichen.

Ich würde vorschlagen, für das Team insgesamt und dann für jedes Teammitglied OKRs festzulegen und diese jeden Monat kurz und alle 3 Monate gründlich zu überprüfen.

Die Suche nach dem richtigen Talent

Als Erstes muss der Grund für die Einstellung ermittelt werden. Stellen Sie sich ein paar Fragen wie:

Welche Ergebnisse möchte ich in meinem Unternehmen oder in einer bestimmten Abteilung erzielen?

Welche Fähigkeiten sind erforderlich, um diese Ergebnisse zu erzielen?

Verfügt eines meiner derzeitigen Teammitglieder über diese Fähigkeiten? Oder können einige von ihnen geschult werden?

Gibt es Prozesse, die ich vor der Einstellung für die derzeitigen Teammitglieder optimieren kann, um die Art von Arbeit zu unterstützen, die zum Erreichen dieser Ergebnisse erforderlich ist?

WIE MAN ALS WEIBLICHE FÜHRUNGSKRAFT IN EINER IMMER NOCH PATRIARCHALISCHEN GESELLSCHAFT ERFOLG HAT

Viele Menschen beklagen sich über die Arbeitsbelastung. Das liegt oft daran, dass es vielen von ihnen an Disziplin, Effizienz und Produktivität mangelt. Hier kommt Ihre Aufgabe ins Spiel: Sie müssen sie dabei unterstützen, dies zu erreichen.

Wenn Sie die obigen Fragen beantwortet haben und eine Person außerhalb des Unternehmens einstellen müssen, prüfen Sie Ihre Finanzen, um zu sehen, wie viel Sie sich leisten können, die Person zu bezahlen. Sie brauchen vielleicht einen Experten, aber Sie müssen auch Ihre Ausgaben berücksichtigen. Legen Sie also ein Budget für die Stelle fest.

Rufen Sie als erstes Ihre Partner und Kunden an, um Empfehlungen einzuholen. So sparen Sie eine Menge Geld und bekommen vielleicht sogar eine seriöse Person.

Falls sich diese nicht auszahlt, platzieren Sie und fügen Sie hinzu. Jetzt müssen Sie ein wenig warten, bis Sie ein paar Kandidaten erhalten. Obwohl viele Führungskräfte sich dem Druck der Not beugen, um die Stelle zu besetzen, rate ich Ihnen, das Gegenteil zu tun.

Suchen Sie bei der Auswahl der Bewerber nach Personen mit den von Ihnen gewünschten Fähigkeiten, aber es gibt einen Haken. Wenn Sie sie nur für die Anwendung Ihrer Verfahren einstellen, sollten Sie darauf achten. Wenn Sie jedoch Personen einstellen, mit denen Sie Innovationen anstreben, können Sie auch Personen einstellen, die nur einen Teil der von Ihnen gesuchten Fähigkeiten besitzen.

Heutzutage stellen Leute wie Elon Musk, Sir Richard Branson und Naveen Jain, wenn sie auf der Suche nach Innovationen sind, Leute ein, die entweder Generalisten sind (sie wissen ein bisschen von allem) oder Leute mit einem kompletten Satz von Fähigkeiten. Das liegt daran, dass der neue Mitarbeiter in diesem Fall eine völlig andere Perspektive hat und völlig neue Ideen mit einbringen kann.

Und dann suchen Sie nach Leuten mit einem anständigen Foto auf ihrem Lebenslauf und mit ein paar professionellen Punkten, die ihre früheren Erfahrungen beschreiben.

TEIL II: DIE SCHWIERIGEN TEILE DES MANAGEMENTS, DIE VIELE FÜHRUNGSKRÄFTE AUSFÜHREN...

Ich habe mir im Laufe der Jahre Tausende von Lebensläufen angesehen, die in verschiedenen Bereichen und Kulturen eingestellt wurden, und ich kann Ihnen sagen, dass unabhängig von der Stelle diejenigen, die sich die Mühe gemacht haben, ein anständiges Bild zu zeigen und ein paar Dinge zu erklären, was sie getan haben, ernsthaft und engagiert waren, um gute Arbeit zu leisten.

Und testen Sie sie auf die Fähigkeiten, die sie haben müssen. Wenn Sie Ihren Umsatz steigern müssen, geben Sie ihnen einen Business Case. Wenn Sie sie brauchen, um Ihr Büro zu reinigen, geben Sie ihnen die Werkzeuge und stellen Sie sie auf die Probe.

Auch wenn es Ihnen empfohlen wird.

Ich erinnere mich, dass ich irgendwann als Verwandter eines meiner früheren Verlobten eine Stelle im Vertrieb antrat. Nur weil ich ihm helfen wollte und weil ich eine Beziehung mit seiner Cousine hatte. Das war ein großer Fehler. Er verließ sich darauf, dass er irgendwie mit mir verbunden war, und ich war die vertrauenswürdigste Person und hatte die
größte Verantwortung in dem Unternehmen, das ich aktiviert habe.

Er hatte keine Ergebnisse, und er war auch respektlos zu mir und dem Eigentümer.

Meine Auswahl ist einfach. Es ist mir egal, wer sie sind, sie müssen getestet werden, um sicherzustellen, dass sie das Zeug dazu haben, die Ergebnisse zu erzielen, die ich mir für mich oder meine Kunden wünsche.

Anständiges Onboarding

Viele Leute denken, dass Onboarding nur die Aufgabe der Personalabteilung ist, und in vielen Fällen ist es das auch. Sie müssen ein Onboarding durchführen. Wenn Sie jedoch Leiter einer Abteilung in einem Start-up sind, kann dies schwierig sein. Entweder haben Sie keine Personalabteilung, oder es gibt kein Onboarding.

Was bedeutet dieses Onboarding eigentlich?

Für manche Unternehmen ist das nur ein kleines Begrüßungspaket mit einer Tasse, einem Stift und einer Agenda. In Wirklichkeit ist das Onboarding jedoch viel komplexer. Neue Mitarbeiter sollten über die Werte des Unternehmens, die Unternehmensrichtlinien und die allgemeinen Richtlinien der Abteilung informiert werden. Danach sollten einige Richtlinien darüber folgen, wie ihre Position aussieht, welche Erwartungen Sie an sie haben, OKRs und KPIs.

Die Wahrheit ist, dass bei einer neuen Stelle jeder Angst hat. In einer neuen Umgebung wollen sie erfolgreich sein und gute Arbeit leisten. Eine einladende Haltung lindert den Schmerz über die Herausforderung, die sie durchmachen. Sie gibt ihnen die Zuversicht, dass sie an einem guten Ort sind, mit einer großartigen Führungskraft.

Menschen loslassen

Nach so vielen Problemen mit Personen, die für verschiedene Positionen ungeeignet sind, wende ich eine neue Regel an:
Hart einstellen, schnell entlassen".

Ich habe keine Ahnung, in welchem Land Sie dieses Buch lesen, aber in verschiedenen Ländern habe ich als Führungskraft gehandelt, und das Gesetz erlaubt es mir nicht, Leute einfach so zu entlassen.

Ich verstehe das. Sie wollen sicherstellen, dass die Wirtschaft nicht erdrückt wird.

In vielen Ländern gibt es eine Probezeit. Doch viele Führungskräfte denken, dass diese nur der Eingewöhnung des Kandidaten dient.

Als jemand, der Psychologie studiert hat, weiß ich

einiges aus zahlreichen Untersuchungen. Studien zeigen, dass Menschen normalerweise

TEIL II: DIE SCHWIERIGEN MANAGEMENTAUFGABEN, DIE VIELE FÜHRUNGSKRÄFTE AUSFÜHREN...

sich zwischen sechs und neun Monaten an einen neuen Arbeitsplatz anzupassen. Aber ich denke, das ist nur aus Bequemlichkeit und wenn sie aus einem sehr unterschiedlichen Kulturkreis kommen.

Als Geschäftsinhaber und Führungskraft, die mehrere Unternehmen aufgebaut hat, kann ich Ihnen sagen, dass man in den ersten drei Monaten Ergebnisse sehen kann, wenn eine Person der Position gewachsen ist und es ernst meint, gute Arbeit zu leisten.

Führen Sie also vor Ablauf der Probezeit eine echte Bewertung durch: Ist das die Person, die ihre Fähigkeiten gezeigt hat?

Haben sie irgendwelche Ergebnisse?

Passen sie in das Team, in die Organisationskultur? Sind sie zufrieden mit ihrer Arbeit, mit ihrem Umfeld?

Für mich war es nie eine leichte Aufgabe, Menschen zu entlassen. Ich bin den Menschen treu ergeben und unterstütze sie dabei, Großes zu leisten.

Ich weiß, dass nicht viele Menschen erkennen, was gut für sie ist und was nicht, und sie bleiben einfach dort, auch wenn sie keine Ergebnisse erzielen. Nur wegen des Gehaltsschecks. Andererseits ist es auch eine andere Form des Wachstums, wenn Menschen entlassen werden und sich abmühen.

Aber warum ermutige ich Sie, schnell zu schießen?

Denn ein Teammitglied, das keine Leistung erbringt, ist für das gesamte Team ein störendes Element. Sie werden auch vor Ihrem Team an Glaubwürdigkeit verlieren; Sie werden als schwache Führungskraft wahrgenommen, die ihre Aufgabe nicht erfüllen kann.

Eine Person, die nicht die von Ihnen geforderte Leistung

erbringt, hindert Ihre Abteilung oder Ihr Unternehmen daran, den geplanten Erfolg zu erzielen.

Ein Leistungsschwacher wird die Leistungsträger verärgern, und sie werden gehen. Sie werden sich darüber ärgern, dass ihre Erfolgschancen sinken, und sie werden viel mehr Probleme lösen müssen, die sie zu Underperformern machen.

Ich weiß das, weil ich dabei war. Es war anstrengend, immer wieder zu reparieren die Fehler der unzureichenden Leistung zu erkennen und ihre Arbeit ebenfalls zu erledigen. Also, schnell entlassen.

Das ist hart. Egal, wie oft ich es tue, bei all der hohen Belastbarkeit, die ich im Laufe der Jahre erlangt habe, gibt es keine Zeit, in der ich die Sitzung nicht mit emotionalem Leid verlasse. Ich baue wunderbare Verbindungen auf, und das macht es, glaube ich, noch schwieriger. Aber abgesehen von meinen Gefühlen ist es schwer, in einer Sitzung zu sein, in der es ein entscheidendes Ereignis im Leben von jemandem gibt.

Was mir in dieser Situation ein wenig hilft, ist Folgendes: freundlich zu sein, klar zu sagen, warum ich jemanden gehen lasse. Den Menschen die Möglichkeit zu geben, "mit Würde zu gehen", wie Brene Brown in "Dare to Lead" sagt.

Da ich mit Führungskräften aller Geschlechter und Rassen zusammenarbeite, werde ich das Thema aus beiden Perspektiven darstellen: aus der Sicht der Person, die gefeuert wird, und aus der Sicht der Person, die feuert.

Ich habe auf beiden Seiten gestanden. Ich denke, dass ich durch meine Entlassung einen besseren Blick dafür bekommen habe, wie man mit dem Loslassen von Mitarbeitern umgeht.

Die Wahrheit ist, dass es nie einfach ist, gefeuert zu werden. Es ist eines der kritischen negativen Ereignisse, mit denen wir im Leben zu tun haben, und bringt uns in die Ecke der Scham, des "nicht gut genug seins", der Angst, nicht in der Lage zu sein, uns selbst und unsere Familien zu versorgen, wie "wie zum Teufel soll ich das den Menschen erklären, die zu mir aufschauen?

Das ist es, was die meisten der Kollegen, die wir entlassen müssen, durchmachen. Wir als Führungskräfte müssen in dieser Situation Mitgefühl zeigen. Als ich das letzte Mal gefeuert wurde, brach meine ganze Welt zusammen. Denn ich hatte endlich das Gefühl, dass ich das Einkommen hatte, um mir meinen Traum von einer Vollzeitbeschäftigung als Unternehmer zu erfüllen. Alles, was ich bekam, war, dass der Geschäftsführer nicht mit mir sprach und seinen Berater bat, mich zu feuern, der einfach sagte: "Wir sehen, dass Sie hier nicht glücklich sind, also haben wir beschlossen, Ihren Vertrag nicht zu verlängern. Aber wie ich Sie bisher kenne, wette ich, dass es Ihnen gut gehen wird und Sie überall Erfolg haben können.

So cool der letzte Teil auch klingt, wenn ich ihn schreibe, in diesem Moment

TEIL II: DIE SCHWIERIGEN TEILE DES MANAGEMENTS, DIE VIELE FÜHRUNGSKRÄFTE AUSFÜHREN...

Es war niederschmetternd. Ich war in einem Land, in das ich erst vor ein paar Monaten gezogen war, und hatte noch nicht einmal angefangen, Freunde zu finden. Ich hatte nur wenige Kontakte, um eine Arbeit zu finden, und war gerade dabei, die Wohnung, in der ich lebte, so einzurichten, dass sie ein bisschen mehr wie ein Zuhause aussah.

Ich musste alles dort lassen und habe viel Geld verloren, weil nicht alles in mein Gepäck passte. Ich fühlte mich beschissen und hatte viele Fragen, weil der Berater zu ängstlich war, um ein normales Gespräch mit mir zu führen. Es war, als ob ich bereits der Feind wäre.

Die Fragen lauteten:

Wenn mir der CEO, der ehemalige CEO und der Berater in

diesen Wochen immer wieder gesagt haben, dass ich großartige Arbeit geleistet habe, warum werde ich dann jetzt entlassen?

Wenn sie merkten, dass ich nicht glücklich war, wieso wollten sie dann kein Gespräch darüber führen, was mich glücklich machen würde?

Sie sagten mir immer wieder, dass sie offen für andere Meinungen sind, unabhängig vom Geschlecht. Wie kommt es also, dass ich, als ich meine abweichende Meinung sagte und mich wehrte, zum Bösewicht im Unternehmen wurde und entlassen wurde?

Entlassen zu werden, ist schwer. Bevor man also jemanden entlässt, sollte man ein paar Dinge in Ordnung bringen.

Vergewissern Sie sich, dass Sie genau wissen, welche Fähigkeiten diese Person hat.

Fragen Sie sich, ob diese Fähigkeiten in anderen Positionen, Abteilungen oder anderen Unternehmen von Nutzen sein könnten, wenn Sie mehrere haben.

Wenn nicht, können Sie sie Ihren Partnern empfehlen.

Seien Sie ehrlich in Bezug auf die Gründe, warum Sie sie gewähren lassen, halten Sie sich an die Fakten (fehlende Fähigkeiten, Verhaltensmuster usw.) und beziehen Sie sich auf die Person, die sie ist

Raum halten. Es bedeutet, Empathie zu haben, was bedeutet, dass man sich mit den Gefühlen der Menschen in diesem Moment verbinden muss.

WIE MAN ALS WEIBLICHE FÜHRUNGSKRAFT IN EINER IMMER NOCH PATRIARCHALISCHEN GESELLSCHAFT ERFOLG HAT

Die Menschen mögen dies sehr unterschiedlich auffassen, aber seien Sie dabei.

Erlauben Sie ihnen, "in Würde zu gehen". Behandeln Sie sie wie Erwachsene und geben Sie ihnen die Möglichkeit, zu kündigen, wenn sie wollen, oder was auch immer für sie günstiger ist. Machen Sie es ein bisschen einfacher. Im Geschäftsleben geht es nicht immer nur um Geld. Denken Sie

IULIA IVAN

langfristig.

TEIL III: DIE MENSCHLICHERE SEITE DER FÜHRUNG

Mitgefühl

Viele Führungskräfte setzen auf Empathie anstelle von Mitgefühl. In meiner Vorstellung bedeutet Empathie, dass ich mich in die Lage meiner Kollegen versetzen kann. Aber ich kann das tun, und das wird sie nicht unbedingt unterstützen. Ich kann das entweder fühlen oder nicht. Ich bin nicht in ihrem Körper, um genau zu fühlen, was sie fühlen. Ich bin ein Empath und fühle Energie. Aber wenn ich auch einige herausfordernde Tage habe, kann ich diese Emotionen nicht unbedingt richtig "lesen".

Mitgefühl bedeutet für mich, dass ich die Person verstehe und ihr entweder meine Unterstützung anbiete oder sie mit provokanten Fragen herausfordere. Ich habe also nicht nur Empathie, sondern nehme die Person in gewisser Weise auch aus der Situation heraus.

Das hängt von der Persönlichkeit des Teammitglieds ab. Ich hatte mal eine männliche Kollegin, die das Ermutigungsgespräch nicht mochte, sie machte ihre Arbeit und das war's. Sie schätzte die Freiheit. Und Freiheit, damit sie das Büro verlassen kann, wenn sie es braucht. Das hat sie einmal getan und vergessen, mich zu informieren. Ich war verärgert, weil ich das als eine Form von Respektlosigkeit empfand. Da ich sehr diskussionsfreudig bin, habe ich sie gefragt, was los ist.

Sie erklärte mir, dass sie einen Notfall mit ihrer Mutter hatte und direkt ins Krankenhaus fuhr. Ich konnte sofort sehen, dass sie immer noch davon betroffen war, obwohl sie versuchte, es zu verbergen. Sie war ein ziemlich verschlossener Mensch.

In ihrem Fall war die Unterstützung, die sie brauchte, nur dazu da, ihr die Freiheit zu geben, dass sie eine erwachsene Frau ist, loyal und engagiert, und sie ging nur, wenn sie wirklich Notfälle hatte. Das war für mich in Ordnung, wenn sie mir eine SMS schickte. Und da waren wir uns einig.

Sie fühlte sich verstanden, sie wusste, dass sie mein Vertrauen hatte. Denn ihre Leistung war höher als erwartet.

Eine andere Kollegin hatte einen anderen Stil. Sie erwartete von mir, dass ich sie ausbilde, und obwohl andere Kollegen von mir dafür zuständig waren, erwartete sie von mir, dass ich ihr auf ungesunde Weise zur Seite stehe und sie bemuttere. Sie hatte das Gefühl, ich würde sie ignorieren.

Sie sehen also, ich kann Mitgefühl haben und das verstehen. Aber wenn ich nur mitfühle, kann ich ihr nicht helfen. In diesem Fall hatten wir mehrere Gespräche, in denen ich ihr langsam das Vertrauen zurückgegeben habe, dass sie die Aufgabe allein bewältigen kann.

Ich glaube, dass man als Führungskraft lernen muss, was Mitgefühl für jedes Teammitglied bedeutet. Sie haben unterschiedliche Perspektiven und unterschiedliche Ansätze, wie sie geführt werden wollen.

Die große Erkenntnis daraus ist, dass man ihnen so oder so Aufmerksamkeit schenken muss. Was man beachtet, wächst. Wenn Sie sich um Ihr Team kümmern, wird sich Ihr Team auch um Ihre Kunden kümmern.

Menschen sind keine Roboter, wir alle müssen uns verstanden, gesehen und gehört fühlen. Sorgen Sie dafür, dass Sie das bei Ihrem Team tun.

Kommunikation

Diesem wichtigen Aspekt schenken wir zu wenig Aufmerksamkeit. Viele der Führungskräfte, mit denen ich gearbeitet habe, und der Frauen, die ich beraten habe, waren sich nicht einmal bewusst, welche Worte sie benutzen.

Dennoch sind Worte so wichtig. Sie können entweder in ihre Seele schneiden oder sie mit Ihren Worten aufbauen. Selbst wenn Sie konstruktives Feedback geben, müssen Sie vorsichtig sein, welche Worte Sie verwenden.

Ich habe den Fehler gemacht, den Leuten direkt und unvermittelt zu sagen, was sie verbessern müssen. Wir hatten monatelang eine schlechte Leistung, während ich sie wieder aufbaute.

Unser Gehirn neigt dazu, sich zuerst auf das Negative zu konzentrieren. Ich habe viel trainiert, therapiert, unzählige Kurse besucht, meditiert und mich mit positiven Menschen umgeben, um mich mehr auf die positiven Aspekte zu konzentrieren. Und trotzdem konzentriere ich mich manchmal zuerst auf das Negative.

Dies stammt aus der Frühzeit der Menschheitsgeschichte. Die Konzentration auf das Negative, die Aufmerksamkeit auf schlechte, gefährliche Bedrohungen war buchstäblich eine Frage von Leben und Tod. Diejenigen, die die Gefahr schneller erkannten und negativen Situationen mehr Aufmerksamkeit schenkten, überlebten am ehesten.

Aber da unser Bewusstsein erst in den letzten Jahrhunderten gewachsen ist und wir immer noch dabei sind, mehr Bewusstsein in unser Leben zu bringen, neigen wir dazu, die negativen Erfahrungen im Kopf zu behalten.

Viele psychologische Untersuchungen wurden auch über die Negativität von Nachrichten durchgeführt. Und es scheint, dass diese von den meisten Menschen eher als die Wahrheit wahrgenommen werden.

Wie wird man ein guter Kommunikator für sein Team? Beginnen Sie bei sich selbst. Je besser Ihr innerer Dialog ist, desto

WIE MAN ALS WEIBLICHE FÜHRUNGSKRAFT IN EINER IMMER NOCH PATRIARCHALISCHEN GESELLSCHAFT ERFOLG HAT

kleine Stimme in Ihrem Kopf, desto besser sind Sie ein Kommunikator. Dann nehmen Sie sich vor, ehrlich zu Ihrem Team zu sein.
Die Leute wissen das wirklich zu schätzen.

Üben Sie aktives Zuhören. Das bedeutet, dass Sie nicht nur hören, was Ihr Gegenüber sagt, sondern dass Sie ihm auch wirklich zuhören. Hören Sie also auf, E-Mails zu beantworten, während Ihre Kollegen sprechen, legen Sie Ihr Telefon beiseite, wenn möglich in einem anderen Raum, und beenden Sie das Grübeln in Ihrem Kopf: wo Sie sein müssen, wann Sie Ihr Kind abholen, dass Sie Wäsche waschen müssen usw. Achten Sie auf das Gespräch.

Nehmen Sie eine offene Körperhaltung ein. Sie sind offen für neue Informationen, die Ihnen auch in anderen Bereichen Ihres Lebens helfen könnten, aber Sie signalisieren auch dem Gehirn Ihres Kollegen, dass Sie aufmerksam sind.

In der neurolinguistischen Programmierung gibt es ein Thema, das Spiegeln genannt wird. Denn in unserem Gehirn gibt es einige Neuronen, die Spiegelneuronen genannt werden. Sie wurden vor über zwanzig Jahren in der ventralen prämotorischen Region F5 des Makaken-Affen entdeckt. Es geht darum, dass dieses Netzwerk von Neuronen aktiviert wird, wenn wahrgenommen wird, dass die Person, die vor einem steht, eine ähnliche Körpersprache hat. Wenn Ihre Kollegin mit gekreuzten Beinen dasteht und Sie Ihre Beine kreuzen, um ihre Körpersprache zu spiegeln, wird das Netzwerk aktiviert.
Nachricht, dass Sie zuhören.

Wenn Sie dies noch nie getan haben, ist es nicht notwendig,

ein besessener Detektiv zu sein und jede ihrer Bewegungen zu kopieren. Aber wenn du anfängst, sie zu beobachten und diskret zu üben, wird es zur Selbstverständlichkeit werden. Vielleicht fühlen Sie sich beim ersten Mal komisch, aber machen Sie weiter.

Sie werden definitiv eine tiefere Verbindung zu Ihren Kollegen aufbauen. Dann kleine Zustimmungen mit dem Kopf, kleine Worte mit hmm,
aha, ok, das gibt ihnen wieder das Gefühl, dass du zuhörst. Und kombiniert mit sinnvollen Fragen, Punkten, wird helfen.

Ich erinnere mich an ein Treffen mit einem Vertriebsleiter, bei dem es um eine mögliche Partnerschaft für die Software ging, die sie verkauften. Ich stellte eine Reihe von Fragen zu vielen Funktionen des Programms. Ich wollte sicherstellen, dass ich verstehe, wie es funktioniert, falls ich es einem Kunden vorstellen muss.

Da ich auch im Verkauf gearbeitet habe, weiß ich, wie wichtig es ist, zu wissen, was man verkauft und wie genau man die Bedürfnisse und Wünsche des Kunden mit seinen Produkten erfüllt. Ich war besorgt, dass ich zu viele Fragen gestellt habe, also habe ich es diesem Mann gesagt.

Wissen Sie, was er mir gesagt hat?

Iulia, ich finde es selten, dass ein Kunde so viel Interesse zeigt, und ich liebe es, weil es mir das Verständnis und das Gefühl gibt, dass ich nicht nur mit mir selbst rede. Und ich sehe, dass du deinen Kunden einen Mehrwert bieten willst, und genau so stellst du sicher, dass sie bekommen, was sie brauchen. Ihre Kunden können sich glücklich schätzen, Sie zu haben, denn wenn Sie sie so fragen, verstehen Sie ihre Bedürfnisse wirklich.

Das ist wahr. Das sind die Worte, die ich sowohl von meinem Team als auch von meinen Kunden höre: dass sie sich gesehen fühlen, dass ich bei ihnen bin, präsent, ihnen meine volle Aufmerksamkeit schenke und Fragen stelle, damit ich sie verstehen kann.

Die Energie des Teams aufrechterhalten (Motivation)

Für mich ist das eine weiche Fähigkeit. Ich weiß nicht, wie es Ihnen geht, aber ich wurde von meinen Eltern nicht allzu sehr motiviert, als ich aufwuchs, und auch nicht von meinen Lehrern.

Ich erinnere mich, dass mein Vater mir sagte, ich hätte kein Gehirn für das College, und meine Mutter kritisierte mich, ich würde nicht genug lernen. Mein großer Bruder nannte mich dumm, wenn ich etwas tat.

WIE MAN ALS WEIBLICHE FÜHRUNGSKRAFT IN EINER IMMER NOCH PATRIARCHALISCHEN GESELLSCHAFT ERFOLG HAT

das erste Mal nicht verstanden, obwohl er sieben Jahre älter ist als ich. Außerdem wurde ich, wie viele von uns, selten von meinen Lehrern ermutigt.

Um ehrlich zu sein, hatte ich keine Ahnung, dass ich mein Team motivieren würde, als ich meine erste Position als Führungskraft innehatte. In einer der Niederlassungen, die ich leitete, hatte ich einen Vertriebsmitarbeiter, einen Jäger, der niedergeschlagen war, wenn er nicht eines Tages einen Verkauf abschloss. Er war meistens der Star des Verkaufsteams. Die anderen waren eher der Groover. Sie kümmerten sich um den Verkaufsgarten, aber in ihrem eigenen Rhythmus. Sie waren konstanter, verkauften an ihre Kunden und pflegten die Beziehungen.

Bei diesem Jäger musste ich die Moral aufrechterhalten, wenn er sich nicht durch aufmunternde Worte verkaufte. Aber in der Zwischenzeit habe ich andere Wege gefunden, die Leute zu motivieren.

Nachdem ich Daniel Pink, den Pionier auf dem Gebiet der Teammotivation, studiert habe, habe ich mich durch meine eigenen Erfahrungen ein wenig angepasst. Ich glaube, dass es nicht ausreicht, wenn man nur eine äußere Motivation hat. Man muss zum Kern vordringen. Das heißt, man muss zu den Werten der Menschen gehen.

Werte, nicht im Sinne von sozialen Wünschen, sondern besser noch Werte im Sinne dessen, was für sie wichtig ist. Für die einen ist es die Familie, für die anderen die Bildung, für die einen die Karriere, für die anderen die Freiheit, für die anderen der Seelenfrieden, das Herz, usw.

Sie müssen herausfinden, was für sie wichtig ist. Das geht ganz einfach, indem man sich ihre Schreibtische ansieht: was sie auf ihrem Schreibtisch haben. Über welche Themen sprechen sie dann am meisten?

Um Ihnen ein Beispiel zu geben, sind die 4 wichtigsten Werte für mich:

Schreiben (ich bin ständig von Büchern umgeben, und selbst im Urlaub ist ein Rollator mit Büchern dabei, weil ich gerne in Papierform lese)

Finanzielle Stabilität (Sie sehen meinen Laptop und einen Haufen Bücher und Geschäfts- und Finanzbildung)

Familie (ein Bild und eine Visionstafel)

Selbstbeherrschung (ich habe tonnenweise Kurse und Bücher über Psychologie und persönliche Entwicklung)

Jedes Mal, wenn Sie sehen, dass sie Schwierigkeiten haben, erinnern Sie sie daran, warum sie das tun, was sie tun. Das ist die beste Motivation.

Schaffung einer gesunden Organisationskultur

A. Eine sichere Umgebung

Wo es Ehrlichkeit, psychologische Sicherheit, Spaß und kontinuierliche Entwicklung gibt.

Psychologische Sicherheit bedeutet, dass die Menschen sich befähigt fühlen, ihre Version von sich selbst einzubringen. Sie fühlen sich sicher, so zu sein, wie sie sind, ohne Angst, bestraft zu werden, und sie sehen und spüren, dass sie gesehen, gehört und geschätzt werden. Menschen, die um ihren Arbeitsplatz fürchten oder Angst vor ihren Führungskräften haben, haben auf Dauer keine Chance. Und das liegt daran, dass niemand in einem toxischen Umfeld bleiben möchte. Auch wenn wir vielleicht in einem kontrollierenden Haushalt aufgewachsen sind, sind wir tief im Inneren frei, wir sind freie Geister.

Wenn Menschen sich sicher und ermutigt fühlen, so zu sein, wie sie sind, streben sie nach mehr, sie streben danach, besser zu sein, und sie streben danach, mehr zu erreichen.

Wahrscheinlich weißt du schon von dem Experiment mit den Pflanzen, das im Internet kursiert. Du kannst es auch zu Hause ausprobieren. Nimm zwei Pflanzen. Du gießt sie auf die gleiche Weise und gibst ihnen auf die gleiche Weise Nährstoffe. Der Haken an der Sache ist, dass Sie der einen Pflanze alle guten Worte sagen, die Ihnen einfallen, und jeden Tag nett und freundlich zu ihr sprechen. Der zweiten sagst du alles Negative, alle schlechten Worte, alles, was dir auf dem Herzen liegt.

Das Experiment zeigte, dass die Pflanze, die nette Worte erhielt, so schön wuchs und schöne Blüten bildete, während die Pflanze, die die schlechten Worte erhielt, nach zwei Wochen fast abstarb.

Das Gleiche passiert mit Menschen.

Natürlich bin ich, wie bereits in diesem Buch erwähnt, nicht für diese toxische Positivität, die überall in den sozialen Medien verbreitet wird. Man muss schlechtes Verhalten und unzureichende Leistungen ansprechen und die richtigen Maßnahmen ergreifen.

Die Menschen wollen sich verbessern, besser sein und werden jeder Führungskraft folgen, die ihnen den entsprechenden Rahmen bietet. Sie werden konstruktives Feedback annehmen, wenn die Kommunikation mit ihnen darin besteht, ihr Verhalten oder ihre Arbeit zu kritisieren, und nicht sie als Person.

Wenn man Fehler macht, sie eingesteht und eine Kultur schafft, in der sie eine Lösung finden müssen, ist das eine gesunde Kultur. Sie werden an sich selbst wachsen, ihr Selbstwertgefühl wird wachsen.

Wenn Sie ihnen zeigen, dass Fehler ein Feedback sind, werden sie sie nicht vertuschen. Wenn Sie ihnen die Möglichkeit geben, sich mitzuteilen und sich sicher zu fühlen, sparen Sie viel Geld, Zeit und höchstwahrscheinlich auch viele Kunden.

Ich erinnere mich, dass in einer meiner Führungspositionen eine der Damen in meinem Team einen großen Fehler machte, als sie einem Kunden ein Angebot machte. Unser Verlust hätte mehrere hunderttausend Euro betragen.

Sie kam weinend zu mir und sagte mir, sie wisse nicht, wie sie mir sagen solle, was sie getan habe. Denn höchstwahrscheinlich werde ich sie entlassen.

Mein Herz zitterte. Aber tief im Inneren wusste ich, dass ich, ausflippen oder in Panik geraten, unser Problem nicht lösen würde. Ja, es war UNSER Problem. Als Führungskraft ist man für alles verantwortlich.

Es war die Situation eines Kunden eines Kunden.

Also holte ich tief Luft und sagte ihr, sie solle sich beruhigen und mir sagen, worum es ging. Es muss eine Lösung sein.

Sie war überrascht:
Du bist nicht verrückt?

Wütend zu werden, wird uns nicht helfen, sondern viel schlimmer machen. Ich kann sehen, dass du bereits in Bedrängnis bist. Nehmen Sie sich etwas Zeit, um sich zu beruhigen und kommen Sie zu mir, wenn Sie bereit sind, mir alles zu erklären.

Als sie zurückkam, sagte sie es mir:

Ich habe über die Situation nachgedacht und ich glaube, ich

weiß, wie man sie lösen kann.

Das war's.

Es war nicht die endgültige Lösung, aber es war die Idee, von der wir ausgingen.

Letztendlich war der Verlust in finanzieller Hinsicht unbedeutend, und wir haben uns mit dem Kunden geeinigt. Deshalb ist es so wichtig, ein guter Mensch zu sein und eine gute Beziehung sowohl zu Kunden als auch zu Anbietern zu haben. Man weiß nie, wann die Partnerschaft auch außerhalb des Vertrags Früchte tragen muss.

Lange Rede, kurzer Sinn: Wir haben daraufhin auch die Richtlinien und Verfahren geändert (die Korrektur wurde von dieser Dame vorgenommen), um diese Art von Problemen zu vermeiden. Ein Fehler ist eine Rückmeldung, wie man es besser machen kann.

Ich sage Ihnen, kein Mensch auf dieser Welt wacht morgens auf und sagt: "Heute gehe ich zur Arbeit, um einen schlechten Job zu machen".

Sie sind einfach demotiviert, überlastet oder haben persönliche Probleme.

Die Frau, die ich zuvor erwähnte, war eine alleinerziehende Mutter, die sich gleichzeitig um ihren Jungen und ihre Mutter kümmerte. Glauben Sie, dass es etwas gebracht hätte, wenn ich sie angeschrien hätte? Nein.

Wenn das passiert wäre, wäre sie gestresst nach Hause gegangen und hätte diesen Stress auf ihr Kind abgewälzt, das das wahrscheinlich als Mangel an Liebe interpretiert hätte und sich auf andere Generationen ausgewirkt hätte. Sie sehen nun, wie wichtig eine gesunde Kultur ist und für Sie, sich in Selbstbeherrschung und Selbstliebe zu üben? Lassen Sie uns jetzt über Spaß und Lesen sprechen.

Wissen Sie, warum Unternehmen wie Google, Apple und das gesamte Silicon Valley ganze Gebäude zum Spielen haben? Nicht nur, weil sie Millennials oder Gen Z als Mitarbeiter haben.

Sie wissen etwas, was die geistige Welt schon seit Jahrhunderten weiß.

Wenn wir spielen, verbinden wir uns mit unserem inneren Kind. Unser inneres Kind ist näher an dem, was manche Menschen ihr Höheres Selbst, ihre Quelle, andere Gott oder ihre Seele nennen. Näher an dem Funken, der unser Herz schlagen lässt.

Haben Sie schon einmal Kinder beim Spielen beobachtet? Sie sind ganz im Fluss, sie haben verrückte Ideen, und die Fantasie ist entfesselt. Forscher haben herausgefunden, dass selbst ein 30-minütiges Spiel Hormone wie Endorphine, Oxytocin, Dopamin und Serotonin freisetzen kann, Norepinephrin und GABA.

Endorphine bauen Stress ab, sorgen für ein positives Lebensgefühl, geben Energie und können sogar Schmerzquellen in Ihrem Leben blockieren.

Oxytocin, das so genannte "Liebeshormon", ist ein starker Neurotransmitter, der dazu beiträgt, dass man sich besser mit anderen verbindet. Die Universität Stanford hat herausgefunden, dass jede Aktivität, die Menschen miteinander verbindet - Spielen oder Umarmen - Oxytocin freisetzt.

Dopamin, die "Belohnungsdroge", trägt zu unserem Glück bei und verbessert unsere Fähigkeit zu lernen und aufmerksam zu sein.

Serotonin ist das beliebteste Mittel zur Vorbeugung von Depressionen. Ein niedriger Spiegel kann Angstzustände und Panikattacken verursachen. Beim Spielen steigt er jedoch auf ein normales Niveau an und verhindert negative Reize.

Noradrenalin erhöht die Wachsamkeit, Aufmerksamkeit und Konzentration. Es ist ein Neurotransmitter und Hormon, das an der "Flucht- und Kampf"-Reaktion des Körpers beteiligt ist. Wenn Sie also unter Müdigkeit, Depression oder Angstzuständen leiden, sollten Sie mehr spielen.

Es hat sich auch gezeigt, dass es das Lernen und das

Gedächtnis verbessert, ein wichtiger Aspekt für die Erhaltung einer guten Gehirngesundheit.

GABA, ein Neurotransmitter, ist für den Abbau von Angstzuständen verantwortlich und spielt auch eine Rolle bei der Regulierung des Schlafverhaltens. Das fördert Ruhe und Entspannung.

Spielen hilft, all diese sechs Hormone zu stimulieren. Kein Wunder, dass immer mehr Unternehmen dies in ihre Kultur aufnehmen. Glückliche Mitarbeiter, glückliche mehr Gewinn.

Doch spielen ist nicht genug.

Man kann seine Mitarbeiter gut bezahlen, aber ihre persönlichen Finanzen schlecht verwalten und auf diese Weise trotzdem gestresst sein.

Sie können kreativ sein und gute Leistungen im Beruf erbringen, aber schlecht in ihren persönlichen Beziehungen und Ehen.

Die harte Wahrheit im Patriarchat ist, dass wir aufgefordert wurden, unsere Pflichten als Teil dieser Gesellschaften zu erfüllen, doch niemand hatte den Anstand, uns zu sagen oder beizubringen, wie wir es tun sollen. Die Schulen lehren uns nicht. Die Anzahl der Schulen, die es uns als Menschheit ermöglicht, unsere Talente von einem frühen Alter an zu entdecken und Lebenskompetenzen zu erwerben, wie z.B. den Umgang mit persönlichen Finanzen, wie man Freunde findet, wie man ein guter Ehepartner ist, wie man die Natur schützt (eigentlich, wie man im Einklang mit der Natur lebt), wie das Universum aus einer spirituellen Perspektive funktioniert, ist sehr gering, fast gar keine.

Was ich mit meinen Teams eingeführt habe, ist Folgendes: Wir lesen jeden Monat ein Buch aus verschiedenen Bereichen wie Paarmanagement, Finanzmanagement und Selbstmanagement. Jeder muss mindestens fünf Ideen aus demselben Buch einbringen, die wir dann am Ende des Monats in einem zweistündigen Brainstorming besprechen.

Das hat sich positiv auf die Verbleibquote ausgewirkt, weil

sie mehr lernen wollten, als sie die positiven Auswirkungen auf ihr Leben sahen. Ich wurde auch belohnt, weil es die Art von Umgebung ist, die ich erträumt haben.

Der Stresspegel sank, und die Produktivität stieg um 20 %. Warum?

Denn jetzt haben sie ein geplantes Treffen pro Woche mit ihrem Liebespartner, um zu besprechen, wie die Woche verlaufen ist, was sie aneinander geliebt haben und was sie störend fanden, und sie sind eher lösungsorientiert als beschuldigend.

Sie machen sich nicht mehr so viel Stress wegen des Geldes, weil sie jetzt Pläne haben. Auch wenn sie dabei vielleicht einige Fehler machen, sehen sie jetzt eine andere Zukunft.

Sie haben jetzt für ihre Zukunft geplant, und sie verstehen, dass, wenn das Unternehmen wächst, sie selbst wachsen, was bedeutet, dass es Hoffnung für sie gibt, das zu erfüllen, was auch immer auf ihrem Traumbrett steht.

Und noch etwas zeichnet eine gesunde Kultur aus: eine problemlösende Einstellung aller Teammitglieder.

Das so genannte Gefühl der Macht, wenn sie mit einem Problem kommen und Sie ihnen die Lösung geben, ist so berauschend, nicht wahr? Es gibt einem das Gefühl, mächtig, stark und überlegen zu sein. Ich weiß es, ich habe es selbst erlebt, es ist wie eine Droge.

Für eine Frau, die als Kind und Jugendliche ihrer Macht beraubt wurde, war es aufregend, diese Art von Kontrolle über Menschen auszuüben. Kurzfristig jedoch nicht. Denn ich habe erkannt, was für einen schlechten Dienst ich ihnen und mir selbst erwiesen habe.

Für mich, weil ich schnell ausgebrannt war. Ich war meist in einer herausfordernden Position, da ich Dutzende von Leuten unter meiner Leitung hatte, die entweder alle in verschiedenen Abteilungen oder Bereichen tätig waren. Ich konnte unmöglich in jeder Kleinigkeit ein Experte sein. Das war so.

Ich habe sie des Privilegs beraubt, ihr Fachwissen, ihre Kraft und ihren Beitrag zum Team zu zeigen.

Als ich dazu überging, Fragen zu stellen, um das Problem zu klären, und am Ende zu fragen: "Wie können wir das Problem lösen? Welche Lösung haben Sie haben? ', waren die Leute verwirrt. Einige Teammitglieder musste ich auswechseln, weil sie sich nicht anpassen konnten, und ich merkte, dass ich sie behielt, weil sie nur meine Anweisungen ausführten, aber kein echtes Fachwissen mitbrachten.

Wenn Sie damit anfangen und als Angestellter eine Führungsposition in einem Unternehmen innehaben, werden sich die Leute vielleicht unwohl fühlen, und Sie könnten, wie ich, Gerüchte hören, dass Sie eine schlechte Führungskraft sind. Glauben Sie das nicht. Es gibt nur eine Phase der Anpassung. Schon bald werden Sie feststellen, dass Probleme gelöst werden, ohne dass Sie darüber informiert werden.

Das ist wahre Macht. Wenn Menschen ihr Erwachsensein und ihre Macht selbst in die Hand nehmen und ihre Arbeit festnageln.

B. Gib dein Wort, wo dein Mund ist

Oder besser gesagt, halten Sie Ihre Versprechen.

Dieser Aspekt ist in zweierlei Hinsicht wichtig: Erstens, weil man sich vergewissert, dass das Selbstvertrauen immer noch auf einem guten Niveau ist, und zweitens, weil die Menschen einer Führungspersönlichkeit, der sie vertrauen können, definitiv durch Schwierigkeiten folgen.

Analysieren wir den ersten Schritt.

Im Gegensatz zu all den Gurus da draußen, die behaupten, dass man, wenn man einmal Selbstvertrauen aufgebaut hat, es ein Leben lang hat, ist das nicht ganz richtig. Wir bauen in jedem Moment unseres Lebens Vertrauen auf. In einigen beruflichen Bereichen kommt das Selbstvertrauen mit der Kompetenz. Man fühlt sich selbstbewusster, wenn man klare Antworten zu seinem Fachwissen geben kann, nicht wahr?

Tatsache ist, dass die Veränderungen auf den aktuellen Märkten so schnell vonstatten gehen, dass sich viele Führungskräfte überfordert und gestresst fühlen und insbesondere Frauen dem Burnout nahe sind.

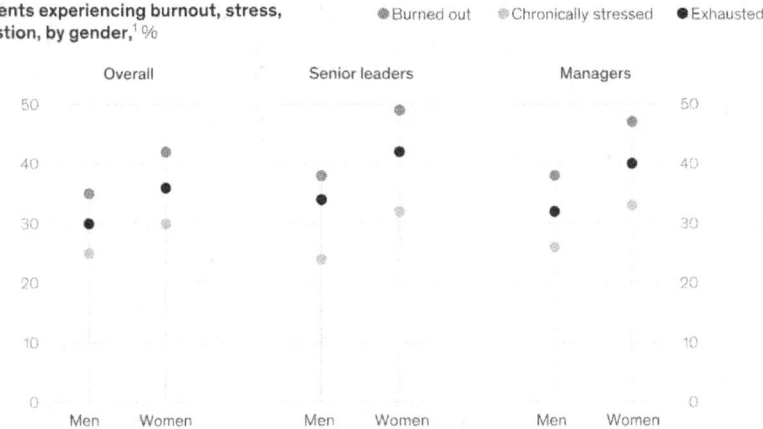

*Quelle: Women in the Workplace 2021, leanin.org und McKinsey, 2021

Die Versprechen, die Sie sich selbst geben, bauen Ihr Vertrauen wieder auf. Wir sind im Vergleich zu Männern ein paar Jahrhunderte zurück, was den Umgang mit Führungspositionen angeht. Und die meisten Frauen, mit denen ich arbeite, befinden sich immer noch in einem Stadium der Opferbereitschaft, wie es das Patriarchat lehrt.

Sie opfern sich auf, weil uns das von klein auf beigebracht wurde. Das sind die Beispiele, die wir von unseren Müttern und Großmüttern bekommen haben. Sehr oft wird der männliche Partner wie ein weiteres Kind behandelt und nicht wie ein Partner, der ihn unterstützen sollte.

Es ist wichtig, dass Sie Ihre Versprechen an sich selbst einhalten, stellen Sie nur sicher, dass diese Versprechen bodenständig sind und Sie sich nicht unnötig unter Druck setzen.

Zur Erleichterung ist zu bedenken, dass die Forschung über Bei einer Umfrage unter leitenden Angestellten (Frauen und Männer) zeigte sich, dass sich mehr als 70 % von ihnen nicht auf ihre Position vorbereitet fühlen. Da die meisten Führungspositionen von Männern eingenommen werden, bedeutet dies, dass sie sich auch in Bezug auf ihre Leistung unsicher fühlen.

Der zweite wichtige Aspekt beim Einhalten von Versprechen ist die Beziehung zu Ihrem Team. Dies ist ein wichtiger Teil der Verbindung mit ihnen. Irgendwann hatte ich ein großes Projekt in Saudi-Arabien. Als ich ankam, war mein Führungsteam erschöpft, nachdem es in kurzer Zeit drei Leiter hatte, die jeweils in kurzer Zeit ihre eigenen Änderungen vornahmen. Jede Führungskraft nahm ihre Änderungen aus heiterem Himmel vor, ohne daran zu denken, dass dies das Vertrauen der Mitarbeiter in das Unternehmen beeinträchtigte. Die Mitarbeiter hatten Angst um ihren Arbeitsplatz und es kam zu internen Konflikten innerhalb der Gruppe.

Das ist die schwierigste Situation, die man als Führungskraft erleben kann.

Denn wenn Menschen Angst haben, wird jeder Plan, den Sie haben, in den meisten Fällen scheitern. Sie müssen dir erst einmal vertrauen. Das braucht Zeit. Der Markt wartet nicht darauf, Unternehmer stürzen sich in die Dinge und brauchen schnelle Ergebnisse, ohne den größten und wichtigsten Faktor vollständig zu berücksichtigen: die Menschen.

Mein Team wünscht sich schon seit langem Instrumente, die es unterstützen. Wir hatten keine Daten, aber es wurden außergewöhnliche Ergebnisse verlangt. Diese Werkzeuge haben natürlich ihren Preis. Wenn man ein Unternehmen hat, braucht man Investitionen, um mehr Geld zu verdienen.

Mein erster Versuch, die Genehmigung dieser Werkzeuge zu beschleunigen, schlug fehl. Doch ich sagte meinem Team, dass ich nicht aufgeben würde und wir einen anderen Weg finden müssten, um die Genehmigung zu erhalten. Sie waren immer noch nicht an meinen Führungsstil gewöhnt.

Wir begannen, an einer anderen Strategie zu arbeiten, um das Ja des Vorstandsvorsitzenden zu bekommen. Und wir haben sie bekommen.

Von diesem Moment an blühte mein Team auf. Ich wusste, dass ich ihr Vertrauen hatte. Sie kamen mit verschiedenen Projekten zu mir, und Sie machten mich auf verschiedene Probleme aufmerksam und boten auch Lösungen an. Als ich ihre Ideen in Frage stellte, gingen sie zurück und suchten nach anderen Ansätzen. Sie waren erstaunlich.

Wir brauchen Menschen, die uns vertrauen. Sehr oft kommen wir aus Elternhäusern, in denen wir nicht die Unterstützung bekommen haben, die wir brauchten. In solchen Situationen fällt das Vertrauen schwerer, und wir als Führungskräfte müssen zuerst am Selbstvertrauen unserer Leute arbeiten, bevor wir etwas anderes tun. Jetzt, nach jahrelanger Praxis, kann ich in den Augen der Menschen das kleine Kind sehen, an das niemand geglaubt hat. Ich weiß das, weil ich selbst eines in mir habe.
jeden Tag zu ernähren.

C. Eine Denkweise Der Vielfalt Und Integration

Das ist meiner Meinung nach ein Muss, wenn man Erfolg haben will. In letzter Zeit habe ich diesbezüglich eine Philosophie: Wenn die Leute die Ergebnisse erzielen, die ich in meinem Geschäft brauche, warum sollte ich mir dann selbst in den Fuß schießen, indem ich ein Patriot bin? Haben Sie jemals darüber nachgedacht, was das bedeutet? Die allgemeine Vorstellung ist, dass man im Lager ist und sich auf die Seite der Menschen aus dem Land stellt, in dem man geboren wurde. aber bedeutet das nicht, dass man alle anderen einfach ausschließt? Bedeutet das nicht, dass man niemanden außer den Menschen aus dem eigenen Land akzeptiert und weniger an die Menschen aus anderen Ländern denkt?

Sollten wir Führungskräfte uns nicht mehr auf die Ergebnisse konzentrieren, die wir brauchen, und unsere Teams wachsen lassen, unabhängig von der Religion, der Kultur oder dem Land, dem unsere Mitarbeiter angehören?

Ich wurde kürzlich von einem Herrn angesprochen:

Wie ist es mir gelungen, Menschen aus Saudi-Arabien zu führen, wenn man bedenkt, dass ich aus einem orthodoxen Land komme? '

Die Antwort ist ziemlich einfach: Ich respektiere die Menschen im Allgemeinen, Deshalb respektiere ich ihre Entscheidungen und ihre Freiheit, ihr Leben so zu leben und zu gestalten, wie sie es wünschen. Wenn sie das Ergebnis haben, das wir brauchen, um als Unternehmen zu wachsen, ist es nicht meine Aufgabe, den Menschen vorzuschreiben, welche Entscheidung sie treffen sollen, sondern sie besser anzuleiten, autonome Menschen und unabhängige Denker zu werden und die Ergebnisse zu erzielen, die wir als Team wollen.

Während meiner zehnjährigen Tätigkeit als Führungskraft habe ich mit so vielen verschiedenen Kulturen gearbeitet und viel von ihnen gelernt.

D. Sinnvolle Begegnungen Haben!

Kennen Sie diese langen und leeren Sitzungen, in denen der Manager ständig davon spricht, "die nächste Stufe" zu erreichen, die geplante Zeit zu verlängern, und in denen Sie erschöpft zurückgelassen werden?

Nun, ich denke, das haben wir alle erlebt. Die Sache ist die, dass ich es selbst erlebt habe. Ich bin in die Sitzung gegangen, die ich von Zeit zu Zeit zufällig angesetzt habe, weil ich gehört habe, dass wir als Team zusammenhalten müssen, und dann habe ich mich wahrscheinlich zweimal im Jahr separat mit ihnen zu einer Bewertung getroffen.

Wenn dies auch Ihre Geschichte ist, umarmen Sie sich selbst, denn Sie haben Ihr Bestes getan, mit dem was Sie wussten. Machen Sie es von nun an anders. Verändern Sie sich. Sie müssen ein Gewinner sein. So gewinnen Führungskräfte: durch Fürsorge.

In diesem Fall bedeutet das, sich zu kümmern:

Ihr Telefon außerhalb des Sitzungsraums liegen lassen und Ihr Team bitten, dasselbe zu tun

die Anzahl der vierteljährlichen und jährlichen Sitzungen mit dem Team im Voraus festzulegen. Ich würde eine wöchentliche Teamsitzung und eine wöchentliche 1:1-Sitzung empfehlen.

Festlegung einer Tagesordnung für jede Sitzung

Noch wichtiger ist die Einhaltung der Tagesordnung. Respektieren Sie die Zeit der Teilnehmer und beenden Sie die Sitzung zum vorgesehenen Zeitpunkt.

Sie sollten weniger sprechen, es sei denn, Sie müssen einen Plan/Projekt vorstellen.

Stellen Sie Fragen und Meinungen und fordern Sie die Menschen zum Nachdenken auf.

Sitzungen sind in der Regel stressig für die Menschen; Beurteilungen sind nie einfach. Deshalb ist es weniger stressig, wenn das Telefon nicht im Raum liegt. Außerdem laufen Sie nicht Gefahr, Informationen zu verpassen, weil Sie aus Angst, etwas zu verpassen, nicht auf Ihr Telefon schauen. Ihr Team wird den Diskussionen mehr Aufmerksamkeit schenken, anstatt die sozialen Medien zu checken.

Die Festlegung der Sitzungen schafft Disziplin und gleichzeitig eine Frist. Ihr Team hatte mehr psychologischen Komfort, wenn es wusste, wann die Besprechung stattfinden würde, als wenn es sie aus heiterem Himmel ansetzte.

Die Festlegung einer Tagesordnung konzentriert sich auf wichtige Angelegenheiten und gibt der Sitzung eine Richtung vor. Außerdem unterstützt es Sie dabei, die Dinge zu erledigen und nicht mit unangenehmen Dingen um sich zu werfen, die für Ihren Plan nicht hilfreich sind. Die Einhaltung des zeitlichen Rahmens der Sitzungen ist nicht nur ein Zeichen von Selbstachtung, sondern Sie tun dies auch für sich selbst, indem Sie nicht unter dem Druck stehen, zu einer anderen Sitzung zu rennen, das passiert
dasselbe für Ihr Team.

Wie ich bereits erwähnt habe, habe ich auch Sitzungen abgehalten, in denen ich selbst fast die ganze Sitzung über Erklärungen abgegeben habe, anstatt die Leute in das Gespräch einzubeziehen. Dafür gibt es mehrere Gründe: Entweder ist man zu nervös und fühlt sich unwohl in den kleinen Zeitfenstern der Stille, in denen die Leute den Mut aufbringen, sich zu äußern; in diesem Fall muss man die Überzeugung, die dahinter steckt, neu formulieren und etwas Zeit zum Sterben lassen.

Sie müssen die Menschen auffordern, zu sprechen oder Fragen zu stellen. Da wir als Führungskräfte ohnehin um Entscheidungen ringen, ist es für uns nicht förderlich, keine Fragen zu stellen.

Amazon ist berühmt für einen von Führungskräften verwendeten Satz: "Auf Gott vertrauen wir, der Rest muss Daten bringen". Abgesehen von den Daten, die aus den Systemen gewonnen werden, sollte das Stellen von Fragen das zweite universelle Gesetz im Management sein. Wie um alles in der Welt könnten wir intelligente, gesunde Entscheidungen treffen, wenn wir nicht so viel wie möglich vom Gesamtbild haben?

Zusammenfassend lässt sich sagen, dass es Ihnen nicht nur hilft, gute Entscheidungen zu treffen, sondern auch das Gefühl der Zugehörigkeit und Verbundenheit im Team zu stärken, wenn Sie Ihren Mitarbeitern gestatten, mehr zu sagen. Die Leute werden sehen, dass Sie ihre Meinung schätzen.

Das bedeutet, ein Umfeld zu schaffen, in dem Sie als Führungskraft das Wohl Ihrer Mitarbeiter in den Vordergrund stellen und diese im Gegenzug ihr Bestes geben, um Ihre Abteilung oder Ihr Unternehmen voranzubringen. Gemeinsam ein Vermächtnis aufbauen.

Simon Sinek sagt etwas Erstaunliches, das ich in meiner eigenen Haut gespürt habe: "Die Leiter der Organisationen, die ein Umfeld schaffen, das der Art und Weise, wie wir aufgebaut sind, näher kommt, opfern keine Exzellenz oder Leistung durch die Tatsache, dass sie die Menschen an erste Stelle setzen. Im Gegenteil, diese Organisationen sind die stabilsten, innovativsten und leistungsstärksten in ihrem Bereich".

Wenn sie nicht an den Treffen teilnehmen, gibt es eindeutig ein Problem. Menschen neigen im Allgemeinen dazu, neue Dinge anfangs mit Enthusiasmus anzunehmen, aber mit der Zeit verlieren sie das Interesse. Wenn jedoch in einem Team jemand die Sitzungen schwänzt, passiert etwas mit ihm: Entweder hat er begrenzte Überzeugungen entwickelt oder jemand anderes stört ihn (oder sogar Sie) und er will sich nicht damit auseinandersetzen. Das müssen Sie sofort ansprechen.

Andernfalls wird die entstandene Beziehung auseinanderfallen, und das Team wird sich allmählich von den zwischenmenschlichen Beziehungen trennen.

Wenn Menschen manche Aufgaben langweilig finden und sich darüber beschweren, ist das gut. Sie haben die Möglichkeit, sich zu entwickeln und ihnen das Gefühl zu geben, dass sie dazugehören. Sie müssen verstehen, dass eine Führungsposition nicht bedeutet, dass Sie alles selbst herausfinden müssen. Bestätigen Sie diese Gefühle und sagen

Sie, dass Sie sie verstehen und offen für eine andere Lösung sind. Geben Sie ihnen die Aufgabe, über eine Automatisierung dieser langweiligen, sich wiederholenden Aufgabe nachzudenken. Sie könnten mit einer brillanten Lösung oder Software aufwarten, auf die Sie selbst nie kommen würden.

Sie schlagen zwei Fliegen mit einer Klappe: Sie ermöglichen es ihnen, Teil des Teams zu sein, einen Beitrag zu leisten, zu wachsen und Ihre Leistung als Team zu verbessern. Das spart Ihnen entweder Geld oder Zeit oder erhöht sogar die Bindungsrate.

E. Schaffung eines verantwortungsvolleren Teams

Wir leben in Kulturen, in denen uns nur selten beigebracht wird, wie Disziplin aussieht, es sei denn, wir treiben einen Sport und streben nach Leistung. Es ist schwer, Verantwortung zu übernehmen. Viele von uns haben immer noch mit psycho-emotionalen Herausforderungen zu kämpfen. Wir sind sehr oft in der Kindheit aus der Perspektive der Reife blockiert und verhalten uns wie Erwachsene, mit der Reife beginnen wir zu üben, wenn wir einen guten Therapeuten finden, der uns auf dem Weg des Wachstums begleitet.

Die Verantwortung kommt also aus verschiedenen Bereichen. Einer davon ist der Umgang mit zwischenmenschlichen Konflikten, die unweigerlich auftreten, wenn man sich vor Augen hält, dass Menschen grundsätzlich gut sind und nie haben die Absicht, jemanden zu verletzen. Wenn sie das tun, dann deshalb, weil sie verletzt sind und ihnen niemand beigebracht hat, wie man mit diesem Leid umgeht.

Viele der Führungskräfte, mit denen ich gearbeitet habe, sagen, dass sie in Stresssituationen erstarren. Und das macht Sinn. Wenn man bedenkt, wie viele Vernachlässigungen und

Misshandlungen kleine Mädchen, weibliche Teenager und Frauen überall auf der Welt erleben, ist das nur die Folge davon. Erstarren, Kampf oder Flucht ist die Reaktion des Gehirns, des Reptiliengehirns, das für unser Überleben zuständig ist. Ich kenne das sehr gut, denn es ist ein Symptom der Posttraumatischen Stress, dem ich mich auch nach Jahren der Therapie noch stellen muss. Der Punkt ist, dass wir unser Gehirn neu trainieren müssen, damit wir jetzt sicher sind. Auch wenn sich einige Kollegen streiten, heißt das nicht, dass wir nicht sicher sind. Es sei denn, sie fangen an, sich selbst körperlich zu verletzen. In diesem Fall ruft man sofort den Sicherheitsdienst oder die Polizei.

Wenn Sie sich also in einer solchen Situation befinden, hilft eine kognitive Therapie, und körperlich-somatische Übungen wie die von Human Garage unterstützen dies. Natürlich sollten Sie auch Mitgefühl für sich selbst haben und sich immer daran erinnern, dass Sie ein unfertiges Kunstwerk sind.

Aber vermeiden Sie es einfach nicht.

Eine Technik, die ich angewandt habe und die mir bei der Bewältigung von Konflikten geholfen hat, war die folgende. Ich rufe sie ins Büro und teile ihnen mit, dass ich Spannungen zwischen ihnen festgestellt habe, und weil ich ihnen vertraue, biete ich ihnen eine Woche an, um das Problem selbst zu lösen. Nach einer Woche setzen wir uns wieder zusammen.

Normalerweise versuchen die Leute, eine Lösung zu finden, weil sie das Gefühl haben, dass ich sie als Erwachsene sehe, die gemeinsam eine Lösung finden können. Es sei denn, sie sind neu und nicht mit meiner Praxis vertraut.

Wenn das Problem nach einer Woche noch nicht gelöst ist, kommen wir alle zusammen und üben den Sicherheitskreis, in dem jeder sicher ist und nicht beurteilt, um ihre Gedanken und Gefühle über das Ereignis, das die Störung verursacht hat, auszudrücken. Aber es gibt einen Haken: Sie müssen mit etwas wie diesem beginnen:

'in diesem moment fühlte ich dies: xyz... ist es das, was du

gemeint hast¿ 'in diesem moment dachte ich dies: xyz. was meintest du mit
das¿

Diese Techniken wurden von Brene Brown, Professorin und Autorin zahlreicher Bücher, darunter Dare to Lead, und Harville Hendrix, Autor von Receiving Love, inspiriert.

Meistens erkennen sie, dass es sich nur um einen Wahrnehmungskonflikt handelt und nicht um eine direkte Absicht, Schaden anzurichten.

Um darüber hinaus mehr Verantwortung zu übernehmen, müssen Sie als Führungskraft Klarheit haben. Sie müssen sich über den Weg, den Sie gehen wollen, und die Aufgaben, die Sie von Ihren Mitarbeitern erwarten, im Klaren sein. Andernfalls werden sie die Arbeit einfach nicht machen. Alle verwirrenden Aufgaben fallen unter die Rubrik "ist zu schwer, ich mache es nicht".

Führen Sie eine Swot-Analyse der Fähigkeiten Ihres Teams durch. Stärken, Schwächen und Risiken mangelnder Fähigkeiten. Um die Teamziele zu erreichen, reicht es nicht aus, zu wissen, wohin man will, man muss auch sicherstellen, dass man die richtigen Werkzeuge und Fähigkeiten hat, um sie zu erreichen. Erstellen Sie einen Schulungsplan für den Fall, dass einige Fähigkeiten fehlen, und beginnen Sie mit der Umsetzung.

Verantwortung entsteht vor allem dann, wenn die Mitarbeiter sehen, dass sich die Führungskraft um ihr Team kümmert. Ein Ausbildungsplan, der mit den Zielen der Teammitglieder übereinstimmt, motiviert sie, ihre Arbeit ernst zu nehmen.

TEIL III : DER MENSCHLICHERE TEIL DER FÜHRUNG

Legen Sie die Gesamtverantwortung des Teams für die

Erreichung dieser Ziele fest und verteilen Sie sie dann auf die einzelnen Personen. Die Mitarbeiter müssen verstehen, was von ihnen erwartet wird.

Ermutigen Sie sie und schaffen Sie ein Umfeld, in dem sie miteinander in Kontakt treten und interagieren können, um sich selbst auch auf einer persönlichen Ebene zu entdecken. Sie neigen eher dazu, Ideen zu teilen, Brainstorming zu betreiben und mit Menschen zusammenzuarbeiten, die sie kennen und die sie kennen.

TEIL IV: DIE ZERSTÖRUNG VON MYTHEN

Bei einigen dieser Mythen habe ich mich selbst überrascht, dass ich sie über mich selbst oder über andere Frauen habe. Die patriarchalische Gesellschaft ist nicht nur äußerlich. Vorurteile leben auch in uns selbst.

Ich bin froh, dass ich einen Punkt erreicht habe, an dem ich mich selbst beobachten und etwas verändern kann, aber auch mit einem professionellen Therapeuten zusammenarbeiten kann, um sie zu verändern.

Hier sind einige der Entdeckungen, die ich über mich selbst und andere Frauen gemacht habe, mit denen ich in meiner Laufbahn zusammengearbeitet habe.

1. Frauen können nicht so klug sein wie Männer, weil sie ein kleineres Gehirn haben

Ich muss immer noch lachen, während ich dies schreibe. In der Tat sind das weibliche und das männliche Gehirn nicht dasselbe. Physisch gesehen ist das männliche Gehirn etwa neun Prozent größer.

Jahrhundert meinten Wissenschaftler, dass dies bedeuten

würde, dass Frauen eine geringere geistige Kapazität haben als Männer. Doch wir haben die gleiche Anzahl von Gehirnzellen.

Wenn das der Fall wäre, warum haben dann Männer wie Giovanni Boccaccio, italienischer Schriftsteller, Dichter und bedeutender Humanist der Renaissance, De Mulieribus Claris (Über berühmte Frauen) geschrieben, ein Buch voller Biografien von Frauen, die einen enormen Einfluss auf die Geschichte hatten?

Der Wissenschaftler Agrippa von Nettesheim schrieb eine Rede über die Vornehmheit und Überlegenheit des weiblichen Geschlechts, die in sechs Sprachen übersetzt wurde.

Was ist mit Johanna von Orléans, die trotz der Obrigkeit Menschen um sich scharte? Was ist mit Isabella I. von Kastilien, der ersten Königin des dynastisch geeinten Spaniens, die von 1479 bis 1504 regierte und einen enormen Wert sah und die Expedition von Christoph Kolumbus finanzierte?

Was ist mit Bundeskanzlerin Angela Merkel, die mehr als fünfzehn Jahre lang eine der erfolgreichsten Politikerinnen der Welt war?

Im Laufe der Geschichte wurden Frauen immer wieder herabgewürdigt, ihnen wurde die Anerkennung entzogen, und sehr oft nahmen Männer ihre Arbeit und Innovationen für sich in Anspruch und ernteten die Lorbeeren. Sie und ich kennen viele Situationen, in denen Frauen ihre Entdeckungen, Bücher usw. hinter einem männlichen Namen verstecken mussten, nur um berücksichtigt zu werden und damit die Welt davon profitieren konnte.

Wenn Sie dieses Buch lesen, ist Ihnen das wahrscheinlich auch passiert. Warum glauben wir dann immer noch an diesen Mythos?

2. Frauen sind nicht gut im Geld

Als ich ein Projekt in Riad hatte, musste ich jeden Tag ein

Taxi nehmen, um zur Arbeit zu kommen. Es gibt nur ein paar Busse als öffentliche Verkehrsmittel, sehr selten und nur auf bestimmten Strecken. Meine nicht.

An einem dieser Tage war der Taxifahrer eine Dame. Ich war erfreut

Ich war überrascht und so stolz auf sie, dass sie sich die Chance gab, etwas für sich selbst zu tun. Sie fuhr ein sauberes, schönes Auto und ich war erleichtert.

In Riad sind die Taxis in dem Moment, in dem ich dies schreibe, wie folgt: Unabhängig von dem Paket, das Sie in der App ausgewählt haben, erhalten Sie entweder ein Auto, bei dem Sie beten und hoffen, dass Sie sicher an Ihr Ziel kommen, weil es alt ist und die Fahrer auf ihre Telefone schauen; oder Sie fahren mit einem teuren Auto, dessen Marke Sie kaum oder nie in Ihrem Leben gesehen haben.

Die Dame fuhr ein schönes, sauberes Auto, hielt sich an die Gesetze und achtete auf den Straßenverkehr. Ich mochte es.

Am Ende der Fahrt schlug ich ihr einen Deal vor: Ich brauchte jemanden, der mich von meinem vorübergehenden Haus zu meinem Arbeitsplatz fährt. Von Sonntag bis Donnerstag (in Saudi-Arabien hat man das Wochenende als Freitag und Samstag). Zu einer bestimmten Zeit könnten wir den Preis aushandeln.

Sie weigerte sich von Anfang an. Sie sagte mir, dass sie bereits einen Teilzeitjob habe und das Geld für sie reiche.

Das Traurige daran war, dass sie vorhin erwähnte, dass sie jeden Tag die gleiche Strecke zur Arbeit fährt. Es wäre also kein großer Kampf gewesen, mehr Geld zu verdienen.

Eine meiner Kundinnen in Argentinien erzählte mir, dass sie ihren Ehemann, der sich um die Familienfinanzen kümmert, im Stich lässt, obwohl sie auch arbeitet, weil sie glaubt, dass sie nicht das nötige Gehirn dafür hat.

Ich verstehe, woher dieser Satz kommt, und da ich den Nahen Osten kennengelernt und einige weibliche Verhaltensweisen außerhalb Europas und Amerikas

beobachtet habe, verstehe ich ihn.
Wir sind verängstigt.

Jahrtausendelang erlaubte die patriarchalische Gesellschaft den Männern, über unseren Körper, unseren Verstand, unsere Wünsche, unsere Entscheidungen und unsere Finanzen zu bestimmen.

Sie waren Produzenten, Versorger und für die Finanzen zuständig.

In einigen Kulturen ist in der Gegenwart noch immer etwas im Gange.

Es ist etwas Neues für uns als Geschlecht. Da es etwas Neues ist, erzeugt unser Gehirn diese Angst vor dem Unbekannten. Doch sollte es etwas sein, das wir loslassen sollten? Sollte es etwas sein, das wir trotzdem akzeptieren sollten?

Wir alle kennen die Fälle, in denen Frauen nach einer Scheidung mit nichts dastehen, weil sie nicht an den Familienfinanzen beteiligt waren. Oder nicht gearbeitet haben, kein eigenes Projekt hatten, um Geld zu verdienen.

Oder Frauen, die immer noch in missbräuchlichen, giftigen Paarbeziehungen leben und etwas hinnehmen, was niemand verdient, nur weil sie sich nicht selbst versorgen können, wenn sie gehen. Und auch ihre Kinder leiden darunter.

Ich weiß das sehr gut, denn ich habe eine Mutter, die das durchgemacht hat. Sie hat sehr gelitten, und wir als Kinder haben mit ihr gelitten. Weil sie Lehrerin war, konnte sie uns nicht allein großziehen.

Doch wenn sie nicht auf die Ausgaben geachtet und alles berechnet hätte, hätten wir bei dem Verhalten meines Vaters in Bezug auf Geld wahrscheinlich schwer an Hunger gelitten.

Ja, der Umgang mit Geld ist neu, und wir müssen das generationenübergreifende Gepäck berücksichtigen, das wir haben, wenn es um Geld geht. Das heißt aber nicht, dass Sie nicht das nötige Gehirn dafür haben.

Es bedeutet einfach, dass Sie anfangen müssen, eine bessere Beziehung zu Geld zu haben. Sie müssen die Soldaten in Ihrem

Gehirn herausfinden, die Sie sozusagen sicher halten. Aufgrund des enormen Traumas, das die patriarchalische Gesellschaft auf Frauen ausgeübt hat, haben sich in unserem Unterbewusstsein einige Soldaten gebildet, die uns in Sicherheit wiegen wollen. Das sind die Stimmen von "du bist nicht genug", "du musst noch lernen".

Sie wurden geschaffen, um Sie zu schützen, denn in der Vergangenheit wurden Frauen, die es wagten, anders zu sein, ihr eigenes Geld zu verdienen, ihre Meinung zu sagen, getötet, verbrannt, vergewaltigt und missbraucht. Diese Soldaten in Form von Beschützern haben also "Angst" vor euch und erinnern euch daran, was in der Vergangenheit passiert ist.

Sie müssen herausfinden, was Ihre Beschützer sind, die Sie aufgrund der Folgen der patriarchalischen Gesellschaft daran hindern, zu gedeihen.

Lassen Sie es nicht umsonst, Sie lassen Ihre Zukunft umsonst. Du kannst dich entweder an mich wenden oder eine therapeutische Beziehung in Form eines Yogalehrers, Coaches, Mentors oder sogar eines Priesters finden. Aber sie müssen diese Eigenschaften haben: Sie dürfen Sie nicht verurteilen, müssen Sie wertschätzen, dürfen keine Kritik üben und müssen freundlich sein.

Der Mythos, dass Frauen keinen Verstand für Finanzen haben, ist absolut nicht richtig. Ich hatte das Privileg, mit vielen klugen Frauen zusammenzuarbeiten, die in Finanzfragen erstklassig sind. Eine von ihnen ist eine ehemalige Kollegin aus Indien, die stundenlang neben mir stand und mich in die Tiefen der Unternehmensfinanzierung, der Devisenmärkte und vieles mehr einführte.

Ich habe auch Männer in der Finanzwelt getroffen, in hohen Positionen, die schlecht mit Finanzen umgehen konnten und keine Ahnung hatten, wie man zu Wohlstand kommt.

Es geht nicht um das Geschlecht, es geht darum, sich um sich selbst und um seine Zukunft zu kümmern.

Schauen Sie sich Rihanna an, sie wurde mit FENDI zur Milliardärin, Melanie Perkins, die Mitbegründerin von Canva, ist eine wohlhabende Frau. Laut Wikipedia ist sie eine der jüngsten weiblichen CEOs eines Tech-Startups mit einem Wert von über einer Milliarde.

Bevor Sie sagen, dass Rihanna bereits berühmt war und Melanie Gelder gesammelt hat, sage ich Ihnen etwas: Wie wäre es, wenn Sie es mit einem Mentor versuchen würden, mit neu installierten Gewohnheiten für ein paar Jahre, und danach reden?

3. Eine Frau kann nicht Mutter sein und gleichzeitig die Karriere machen, die sie sich wünscht

Ich glaube, das ist ein Konstrukt, das aus dem Patriarchat stammt. Diese Gesellschaften sehen in uns nur eine Maschine, die Babys macht. Was nicht schlecht ist, aber wir sind so viel mehr.

Laut zahlreicher psychologischer Untersuchungen kopieren Kinder das Verhalten ihrer Bezugspersonen, nicht nur deren Worte. Wir sind eine Spezies, die sich gegenseitig beeinflusst. Daher ist es für Ihre Kinder sehr wichtig, eine starke, erfolgreiche Frau zu haben, die ihrer Leidenschaft folgt.

Wir brauchen heutzutage mehr Frauen als Vorbilder für künftige Generationen, die Werte haben, die über chirurgische Rippenentfernungen, über giftige Praktiken im Fitnessstudio und über eine extreme Kultur des Make-ups hinausgehen. Ich trage zwar gerne ein bisschen Make-up, aber ich denke, das reicht für eine schöne Frau, die darum kämpft, von der Welt ernst genommen zu werden. Denn es gibt diese dumme Vorstellung, dass sie, wenn sie schön ist, nicht auch klug sein kann.

Darüber hinaus müssen Sie auch an die Zukunft Ihrer Kinder

denken. Sie werden selbständig sein müssen. Was gibt es Besseres, als ihnen zu zeigen, wie man das macht?

Die Leidenschaft für eine Sache ist ein wichtiger Wert, den man ihnen zeigen sollte. Sie werden eher geneigt sein, das Ihre zu suchen.
    Ich bin keine Mutter, aber ich habe viele Mütter kennengelernt, und ich weiß, dass Sie sich schuldig fühlen, wenn Sie Ihre Kinder bei einem Kindermädchen oder den Großeltern lassen. Sie denken, dass Sie sie verletzen. Und dann werden Sie vielleicht von Ihrer Familie kritisiert, dass Sie nicht genug Zeit mit ihnen verbringen.

Sie haben das Recht, Ihre Kinder so zu erziehen, wie Sie es wollen. Ich habe auch einen Abschluss in Psychologie, daher weiß ich genau, wie wichtig die ersten Jahre der Entwicklung eines Kindes sind. Und Sie könnten in Betracht ziehen, zu Hause zu bleiben, wenn Sie es sich leisten können. Doch danach sollten Sie Ihr Talent finden.

Sie können eine gute Mutter sein, wenn Sie Ihrem Kind so viel wie möglich zur Seite stehen. Um auf die Planung zurückzukommen: Sie können es in den Kalender eintragen und ihm Priorität einräumen.
    So wie ich das sehe, haben Sie zwei Möglichkeiten: Entweder Sie bleiben zu Hause und leben mit der Frustration, dass Sie nicht in der Lage sind, Ihr Talent zu zeigen und Ihr eigenes Geld zu verdienen, oder Sie können Ihre eigene Version von Mutter und eine erfolgreiche Führungskraft sein.

In beiden Fällen ist es Ihr Leben, aber akzeptieren Sie einfach nicht den von der Gesellschaft, dem Ehemann, der Mutter usw. auferlegten Status quo. Tun Sie, was für Sie richtig ist. Entsprechend Ihren Werten und Ihren Wünschen. Und bedenken Sie, dass die Scheidungsrate bei 50 % liegt. Niemand garantiert Ihnen, dass Ihr Mann bei der Scheidung ein guter

Kerl ist und Ihnen eine gute Alimentierung bietet. Oder dass er ewig leben wird. Unfälle passieren oft. Verdienen Sie Ihr eigenes Geld.

Ich glaube, dass Geld einem so viel Freiheit gibt, nicht nur, weil man sich entscheiden kann, ob man ein eigenes Unternehmen haben oder Angestellter sein will. Sondern auch, weil es einem eine Menge anderer Dinge bietet. Zum Beispiel gab mir ein Job den Freiraum, toxische Umgebungen oder Beziehungen zu verlassen, er verschaffte mir die Freiheit zu reisen, wohin ich wollte, die Freiheit, zu kaufen, was ich wollte, zur Therapie zu gehen und zu entdecken, was ich zur Heilung brauchte.
Ich glaube nicht, dass ich jemals eine gute Führungspersönlichkeit gewesen wäre, wenn ich mich nicht so vielen Heilungs- und Selbstfindungsprozessen unterzogen hätte.

Wenn Sie dieses Buch genommen haben, nur weil der Titel Ihnen gut gefiel und Sie noch keine Führungsposition inne haben, dann holen Sie es sich, Löwin. Aber wenn ich Löwin sage, heißt das nicht, dass Sie anderen auf den Kopf treten müssen, damit Sie weiterkommen können.
Glauben Sie mir, die Menschen werden einem solchen Anführer nicht folgen. Selbst wenn Sie einige Leute haben, die Sie unterstützen, werden es nur wenige sein, und Sie werden trotzdem nicht zurechtkommen.

Lassen Sie uns über toxische Männlichkeit in weiblichen Führungspositionen sprechen. Das habe ich auch schon erlebt. Ich dachte, dass ein aggressiver Unterricht mir helfen würde, die gewünschten Ergebnisse zu erzielen. Das tat es auch, eine Zeit lang. Aber niemand möchte zu lange in der Nähe einer solchen Person bleiben. Es ist berauschend und erstickend.

Alle Menschen wollen das Gefühl haben, dass sie wertgeschätzt werden und dass sie etwas beitragen. Die Aggressivität und die

Abkopplung von sich selbst, die der männliche Führungsstil für eine Frau mit sich bringt, wirkt sich auch auf sie aus.

Eine meiner früheren Kolleginnen, eine Frau, die kaum jemand mochte, weil sie ausfallend zu ihnen war und sie fast als dumm bezeichnete, hatte viele gesundheitliche Probleme wie monatelanges Ausbleiben der Menstruation und Zysten.

Leider hat sie aufgehört, sich selbst zu lieben. Das ist ein Zeichen dafür, dass Ihr Führungsstil beeinträchtigt sein könnte.

Sie sehen, wenn wir versuchen, aus unserem Ego heraus zu führen, kommt das dem patriarchalischen Management sehr nahe. Wir erweisen uns damit selbst einen Bärendienst. Wir verletzen uns selbst.

4. Frauen sind zu schwach, um zu führen

Ich möchte Sie ermutigen, Ihre Verletzlichkeit und Ihre Bedenken gegenüber Ihren Teams zu zeigen. Dabei habe ich die schönsten und tiefsten Beziehungen erlebt. Viele Menschen denken, dass eine Führungskraft zu sein bedeutet, niemals Schwäche zu zeigen, sich niemals zu beschweren, niemals zu weinen oder niemals Verletzlichkeit zu zeigen.

Diese Art von Verhalten ermutigt uns nur dazu, uns in Soziopathen zu verwandeln, in Menschen, die sich gegenseitig hassen. Das hat uns noch nie etwas Gutes gebracht.

Diese kleinen Momente, in denen wir uns "austoben", machen uns als Führungspersönlichkeiten menschlich und bestärken die Menschen in dem Glauben, dass auch sie Führungspersönlichkeiten sein können. Dass sie Großes vollbringen können. In einem meiner Mandate als Führungskraft kämpfte meine Mutter mit Krebs, und ich hatte eine schreckliche Zeit in meinem Leben. Ich konzentrierte mich auch auf den Verkauf, das Wachstum des Teams und darauf, den Wert, den sie mitbrachten, zu honorieren. Ich ließ mein Team einweihen,
und ihnen mitzuteilen, was mit mir passiert ist.

Bis heute kann ich meine Dankbarkeit für diese Menschen nicht in Worte fassen. Sie haben so hart gearbeitet und ihr Bestes gegeben, um mich in dieser Zeit zu unterstützen. Von Zeit zu Zeit waren sie so freundlich, mich zu fragen, wie es mir und meiner Mutter geht, und zu fragen, was und ob sie noch etwas für mich tun müssen.

Sie lösten viele Probleme, die auf dem Weg auftauchten, ohne mich zu sehr zu belästigen, sie unterstützten sich gegenseitig. Es war eine so schöne Zeit, denn sie ermöglichte es mir, über die Tragödie zu trauern, die ich und meine erste Familie durchmachten.

Ich glaube, dass wir als Team stärker geworden sind, weil ich meinen Kampf mit ihnen geteilt und ihnen erlaubt habe, mich auf jede erdenkliche Weise zu unterstützen. Es hat uns zusammengeschweißt.

Wie Simon Sinek in "Leaders Eats Last" sagt: "Die wahre Verbindung entsteht in einer kleinen Kaffeepause, wenn wir unsere Geschichten teilen und die Menschen an unserem Leben teilhaben lassen. Andererseits gibt es ihnen die Sicherheit, dass Sie verstehen, dass es normal ist, nicht immer Spitzenleistungen zu erbringen, und dass dies Teil der Reise zum Erfolg ist.

Niemand auf dieser Welt ist immer auf der Höhe der Zeit, wir alle haben Höhen und Tiefen, unabhängig von unserer Position, unabhängig davon, wie viel Geld wir auf unseren Bankkonten haben, welches Haus oder welche Villa wir besitzen, welches Auto wir fahren oder wie viel Einfluss wir in der Welt haben.

Es ist auch eine Form der Verantwortlichkeit für sich selbst und sein Handeln. Denn in einem solchen Zeitraum sind Fehler unvermeidlich. Eine offene Kommunikation mit dem Team und die Weitergabe von Informationen an das Team, soweit es Ihnen möglich ist, trägt zum Erfolg des Teams als Ganzes bei. Sie können außerdem dafür sorgen, dass das Team die Richtung, die Sie in dieser Zeit vorgeben, und die Pläne und Maßnahmen genau im Auge behält. Dadurch wird verhindert, dass das ganze Team in Schwierigkeiten gerät, weil Sie sie ermutigen, auch Ihre Arbeit im Auge zu behalten. Das ist Teamgeist: gemeinsam das Geschäft durch gute und schlechte Zeiten steuern.

5. Die patriarchalische Falle des "Gutseins" für Frauen

Es gibt eine andere Seite der weiblichen Führung. Man lässt jeden tun und lassen, was er will, weil man sich schämt, ihn zur Verantwortung zu ziehen. Das ist der Fall, wenn man denkt, nur weil man eine Verbindung geschaffen hat, lässt man ihnen einige Aufgaben durchgehen.

Es gibt einen Grund, warum es Frauen schwerfällt, sich weniger auf die eigentlichen Geschäftsergebnisse zu konzentrieren. Das liegt daran, dass wir unbewusst die Priorisierung der Beziehung.

Dr. Louann Brizendine, Neuropsychiaterin und Autorin des Buches "The Female Brain" (Das weibliche Gehirn), hat weitere Forschungen über das weibliche Gehirn durchgeführt und herausgefunden, dass Frauen biologisch darauf programmiert sind, sich zu vernetzen, Gemeinschaften zu bilden und ihre eigene Welt zu organisieren. Die meiste Zeit über liegt der Schwerpunkt dabei auf der Zusammenarbeit.

Uns wird auch beigebracht, freundlich zu sein, aber die Version, die wir von der Freundlichkeit gelernt haben, war, einem Patriarchat zu dienen. Freundlich zu sein bedeutete, alles zu tun, was andere Leute wollten. Denn bis vor 100 Jahren wurden wir nicht einmal als Mitglied der Gesellschaft angesehen.

Freundlich zu sein bedeutet, anderen Mitgefühl zu zeigen und sie mit Respekt zu behandeln, aber das geht in beide Richtungen. Freundlich zu sein bedeutet nicht, nicht respektiert zu werden, wenn sie Anweisungen nicht befolgen, ihre Pflichten nicht erfüllen, zu spät kommen oder andere negative Verhaltensweisen zeigen.

Freundlich und verständnisvoll zu sein, bedeutet nicht, dass man weniger Geld bekommt, als man verdient.

Freundlich zu sein bedeutet nicht, sich von anderen vorschreiben zu lassen, wer man zu sein hat.

Freundlich zu sein bedeutet nicht, die Arbeit anderer Leute zu akzeptieren.

Da wir aber das Beispiel von männlichen Führungskräften aus einer patriarchalischen Gesellschaft vor Augen hatten, die keine Verletzlichkeit zeigten, große Risiken mit negativen Auswirkungen eingingen und Menschen leicht entlassen konnten, neigen wir dazu, das Gegenteil zu versuchen. Wenn wir eine lockere Führung praktizieren, übernehmen die Menschen weder Verantwortung noch erzielen sie Ergebnisse.

6. Frauen haben kein Gehirn für Technik

Dies fällt in die Kategorie dessen, was Henry Ford sagte:
"Wenn du denkst, du kannst es oder du kannst es nicht, dann hast du recht".

Es geht nicht darum, ob Sie fähig sind oder nicht. Es ist eine Frage des Lernens. Und an dieser Stelle kommt wieder das Veränderungsmanagement ins Spiel. Wenn Sie eine solche Einstellung haben und sich das immer wieder einreden, raten Sie mal, was dann passiert? Ihr Gehirn wird immer wieder in Ihrer Umgebung nach Beweisen dafür suchen. Den Beweis, dass Sie nicht gut darin sind. Und wenn schon? Das heißt nicht, dass Sie nicht lernen können.

Ich erinnere mich, als ich zum ersten Mal mit Software anfing, hatte ich wirklich Angst, etwas falsch zu machen, denn in meinem Hinterkopf kreiste ein Satz, den mir mein Bruder einmal gesagt hatte, dass ich keine Ahnung von der IT-Welt hätte. Um ehrlich zu sein, habe ich diese Überzeugung in einer Coaching-Sitzung herausgefunden. Ich sagte mir unbewusst immer wieder, dass ich keine Ahnung habe. Zusammen mit ein paar männlichen Freunden, die mich diskret tyrannisierten, weil ich keine Ahnung von irgendeiner Funktion meines Telefons hatte, können Sie sich vorstellen, dass das Bild, das sich in meinem Kopf bildete, lautete: "Du bist nicht gut in Technik".

Nur weil Sie sich bisher nicht mit der Technik beschäftigt haben, heißt das nicht, dass Sie nicht in der Lage sind, sie zu erlernen. Wie bei jeder neuen Sache, die Sie lernen wollen, ist die erste Reaktion Ihres Gehirns, dass Sie ausflippen, weil es etwas Neues ist. Es ist unbekanntes Terrain. Die erste Absicht deines Gehirns ist es, dich zu schützen. Wenn Sie sich das eingestehen, gehen Sie weiter und machen Sie weiter.

Lernen ist ein Prozess mit Schritten, Misserfolgen, Feedback und ständigen Versuchen. Was mir jetzt einfällt, ist ein Wortspiel, das ich einmal darüber gelesen habe, was das Wort "scheitern" bedeutet: Erster Versuch beim Lernen. Man kann also Schritt für Schritt lernen, Feedback bekommen, es noch einmal versuchen und weitergehen, weitergehen.

Ich persönlich glaube, dass die Technologie unser Leben sehr viel einfacher macht. Unsere Abteilungen und Unternehmen sind leichter zu führen. Gerade jetzt schreibe ich dieses Buch auf einem schlanken Laptop, den ich überallhin mitnehmen kann Ich kann damit so viele Dinge schaffen: mein Buch schreiben, mit meinen Kunden und meiner Familie in Kontakt bleiben, mir die Freiheit nehmen, Tools zu suchen und zu installieren, für die ich normalerweise viel Geld für eine Unternehmensberatung bezahlen würde, ich kann mit Menschen auf der ganzen Welt in Kontakt treten und mir das Vergnügen bieten, Musik zu hören, einen Film zu sehen und vieles mehr.

Wenn Sie zu den Menschen gehören, die Angst vor der Technologie haben, möchte ich Ihnen etwas sagen: Sie verringern Ihre Erfolgschancen. Sie lassen Ihre Angst für sich sprechen und treiben Sie an, anstatt zu versuchen, Ihr Leben mit Technologie zu optimieren.

Wir neigen zu der Annahme, dass unser Niveau gleich bleibt, wenn wir nichts in unserem Leben oder in unserem

Unternehmen ändern. Doch diese Annahme ist in mehrfacher Hinsicht falsch.

Zunächst aus einer persönlichen Perspektive: Mit der Zeit, wenn unser Körper alt wird, beginnen wir, neuronale Verbindungen zu lieben. Die einzige Möglichkeit, dies zu verbessern, ist das Lesen und das Erlernen neuer Dinge, einschließlich des Erlernens einer neuen Sprache. Es ist wissenschaftlich erwiesen, dass dies die Kognition verbessert und Alzheimer fernhält.

Aus geschäftlicher Sicht entwickelt sich der Markt so stark, dass Sie mit Sicherheit gegenüber Ihren Mitbewerbern im Nachteil sind, wenn Sie neue Technologien nicht übernehmen. Ich bin zwar ein echter Fan der Blue-Ocean-Strategie* (W. Chan Kim, Blue Ocean Strategy) und der Suche nach dem eigenen Wert, um sich von der Konkurrenz abzuheben, aber ich glaube auch, dass Sie Ihren Kunden qualitativ hochwertige Dienstleistungen oder Produkte anbieten können, indem Sie, wann immer es möglich ist, Technologie einsetzen und einbeziehen.

Hören Sie auf, sich unter Wert zu verkaufen, indem Sie der Lüge glauben, dass Sie nicht in der Lage sind, etwas über Technologie zu lernen und sie zu nutzen. Nur weil es nur wenige Frauen in der IT-Branche gibt, ist das noch lange kein Beweis dafür, dass wir nicht über das nötige Gehirn verfügen. Es ist wahrscheinlich die Tatsache, dass wir es nicht versucht haben und dass wir als Frauen nicht akzeptiert wurden, um

Praxis, genau aus diesem unfairen Vorurteil, dass wir die Technik nicht verstehen. Ich bin sicher, dass heutzutage mehr und mehr Frauen ihre Talente entdecken und sie einsetzen werden.

Ich hatte das Privileg, in einem Unternehmen neben erstaunlichen Frauen in der Technologiebranche zu arbeiten. Außerdem wird Google Rumänien jetzt, während ich dies schreibe, von einer weiblichen Landesdirektorin, Elisabeta

Moraru, geleitet, die im IT-Bereich begonnen und ihre Karriere ausgebaut hat, indem sie Google in viele Projekte auf dem rumänischen Markt eingebunden hat.

Testen Sie weiterhin Ihre Grenzen, und setzen Sie auf Innovation und Technologie. Für Ihren eigenen Frieden.

In seinem Buch "Moonshots: Creating a World of Abundance" erwähnte der Milliardär Naveen Jain, dass wir etwa fünfzig Jahre gebraucht haben, um die Fahrstühle selbst zu bedienen. Es wird eine Weile dauern, aber geben Sie nicht auf, nur weil die Menschen um Sie herum Ihnen sagen, dass Sie es nicht können. Für den Moment. Benutze immer das hier. Für den Moment, eines Tages, nach viel Übung, werde ich es können".

Denken Sie daran: Die Tatsache, dass nur wenige Frauen einen eher technischen Beruf ergreifen, hat nichts damit zu tun, dass wir es nicht können oder nicht klug genug sind. Berufe wie Führungspositionen, wissenschaftliche Forschung, viele IT-Jobs usw. erfordern oft viel Zeit für sich selbst. Unser Gehirn ist für mehr soziale Interaktion ausgelegt, daher die Tendenz, Berufe mit mehr sozialer Neigung zu ergreifen.

7. Frauen sind nicht gut im Geschäft, weil sie zu emotional sind

Ist es ein Gedanke? Wie viele Fälle waren in den Medien über Männer zu lesen, die wutentbrannt aus Konferenzräumen herausbrachen, Geschäfte w e g e n schlechter Laune verloren oder Frauen sexuell angegriffen haben, weil sie ihre Impulse nicht im Griff hatten?

Ich habe einen ehemaligen Freund, der zugestimmt hat, den Abteilungshaushalt innerhalb von 6 oder 7 Monaten 27 Mal umzuschreiben, weil er versucht hat, sich bei seinem Vorgesetzten durchzusetzen, und nachdem er ihm gesagt hatte, dass er ihn nicht umschreiben wird, hat er sein Versprechen in der Praxis nicht eingelöst.

Das Schlimmste, was wir uns antun können, ist, uns hinter dem Konzept "Frauen sind zu emotional" zu verstecken. Wenn wir das glauben, tun wir nichts anderes, als diesen Glauben in unserem Gehirn zu behalten, das wie ein Computer ist. Was ist ein Befehl, der ausgeführt wird? Wenn Sie glauben, dass Sie zu emotional sind, raten Sie mal. Ihr Gehirn wird nach außen schauen, um Ihnen Erfahrungen zu ermöglichen, die genau das zeigen.

Außerdem wenden Sie eines der Gesetze des Universums an: das Gesetz der Anziehung. Alles in diesem Universum ist Energie, was bedeutet, dass alles eine Frequenz hat. Der Gedanke, dass Sie zu emotional sind, hat eine bestimmte Frequenz, was bedeutet, dass das Universum Erfahrungen in Ihr Leben bringen wird, die die gleiche Frequenz haben.

Ich war zum Beispiel süchtig nach Wut. Was mir in meiner Kindheit widerfahren ist, der Missbrauch, den ich erlitten habe, hat dazu geführt, dass ich auf einer niedrigen Schwingung war, süchtig nach Wut. Ich habe diese Schwingung mit toxischen Jobs, schlecht bezahlten, unterbewerteten, toxischen Partnern in Verbindung gebracht, die mich immer wieder in denselben Kreislauf brachten. Der Kreis, in dem ich mich selbst im "Wutmodus" hielt.

Das bedeutet, dass ich mich sehr oft von meiner Wut leiten und beherrschen ließ. Und das, obwohl ich viel Wissen darüber hatte, wie ich meine Emotionen steuern kann, und viele Werkzeuge zur Verfügung hatte, die ich anwenden konnte. Langsam, mit viel Übung, bin ich zu einem Wut-Junkie geworden, der sein Herz mit positiven Emotionen füllt.

Hier geht es nicht um die Geschlechterperspektive. Es geht darum, wie Gesellschaften uns formen. Es geht um unser Erbe von unseren Vorfahren und von der Umgebung, in der wir aufgewachsen sind, wie wir die Welt wahrnehmen.

Welt, und wie wir unsere Eltern in verschiedenen Situationen erlebt haben.

TEIL V GIFTIGE PHRASEN, DIE SIE NIEMALS AKZEPTIEREN SOLLTEN

Ohne mich bist du nichts!

Niemand sollte so etwas zu jemandem sagen. Ich bin damit aufgewachsen. In meiner Ursprungsfamilie habe ich das von meinem Vater, meiner Mutter und mir gehört. Das Traurige daran ist, dass ich viel davon bei den Männern erlebt habe, mit denen ich zusammen war oder die meine Arbeitgeber waren. Niemand sollte so etwas zu jemandem sagen!
  Wer die Menschen sind, machen sie selbst.
  Der Unternehmer, der mir sagte, dass ich nie eine Führungskraft sein würde, sagte im Büro oft, dass ich wegen ihm so gut geworden sei. Damals interessierte ich mich nicht so sehr für Selbstentwicklung oder Psychologie. Doch tief in meinem Herzen spürte ich, dass etwas nicht stimmte. Es war richtig zu denken, dass es eine Lüge war. Weil ich das alles gemacht habe, war ich diejenige, die sich für das Wissen und

dann für die Praxis geöffnet hat. Nicht er. Ich hatte Kollegen unter meiner Leitung, die ich beim Wachsen zu unterstützen versuchte, und sie waren einfach nicht zu coachen. Wenn du das also hörst, schöne Seele, dann nimm es als Ansporn, aus diesem Umfeld oder dieser Abteilung zu fliehen.

Das ist kein Führer, dem man folgen sollte. Das ist eine giftige Person.

Wenn Sie befördert werden wollen, sollten Sie ständig zusätzliche Aufgaben übernehmen!

Lauft! Das ist es, lauf! Niemand, ich meine NIEMAND, erbringt die ganze Zeit 100 % Leistung. Das ist der Weg zu Burnout, Immunkrankheiten, Krebs und anderen Ungleichgewichten zwischen Körper und Geist.

Wenn Sie Ihre Arbeit nicht an die erste Stelle setzen, sind Sie diesem Unternehmen gegenüber illoyal.
Sie sind frei, Ihre höchsten Werte zu leben. Wenn Ihre Arbeit wichtig ist, dann machen Sie sie auch so. Nur nicht auf Kosten Ihrer Gesundheit.
Aber wenn Ihr erster Wert Ihr Wert ist und Ihre Aufgabe darin besteht, einige Barrieren zu überwinden, wählen Sie einfach das, was für Sie am besten ist.
In erster Linie sind Sie die Führungskraft in Ihrem Leben. Nicht Ihr Manager, ein Unternehmen oder sonst jemand.

Wenigstens haben Sie ein gutes Gehalt

Das ist die lahmste Phrase, die ich meiner Mutter jahrelang abkaufte, als ich mit ihr darüber diskutierte, wie ich bei der Arbeit behandelt wurde. Kein Geldbetrag sollte dafür "entschädigen", dass man beschimpft, schikaniert oder emotional missbraucht wird.

Und um ehrlich zu sein, habe ich einen Großteil des Geldes, das ich gewonnen habe, für Behandlungen gegen Magenschmerzen und Schuppenflechte zurückbezahlt und verschiedene Ärzte konsultiert, um herauszufinden, warum ich mich so schlecht fühlte.

Du hast es so viel besser als andere Menschen

Selbst wenn das stimmt, das war bei mir mehrmals der Fall, aber ehrlich gesagt hasse ich es, wenn die Leute so tun, als hätte ich das umsonst bekommen und mir nicht den Arsch abgearbeitet, was ich verdient habe. Es war und ist meine Arbeit. Ich stamme aus einer armen Familie, und ich habe mich selbst hochgearbeitet, nicht durch unethisches Verhalten.

Was dich nicht umbringt, macht dich stärker

Diesen Satz habe ich von einem ehemaligen männlichen Kollegen aus dem Unternehmen zu hören bekommen, als ich darüber informiert wurde, dass mein direkter Vorgesetzter mich schikaniert hat. Als ob ich damit allein fertig werden und weitermachen sollte. Ich lehnte das ab und zeigte den Vorgesetzten an. Man sollte nie damit rechnen, schlecht behandelt und in irgendeiner Weise missbraucht zu werden. Und nein, das macht einen nicht einfach so stärker. In vielen Fällen hinterlässt diese Art von Verhalten Spuren im Selbstwertgefühl der Betroffenen, und es kann Monate dauern, bis sie sich davon erholen, je nachdem, wie lange sie dem toxischen Verhalten ausgesetzt waren.

Es ist alles in deinem Kopf

Ich habe versucht, direkt mit dem Manager zu sprechen, der

mich gemobbt hat, bevor ich ihn bei der Personalabteilung anzeigte. Und er hat mir genau das gesagt: 'Das ist alles in Ihrem Kopf'.

Die Tatsache, dass du fühlst, was du glaubst, dass du ein Recht darauf hast. Das sind deine Gefühle und jeder, der dir diesen Satz sagt, ignoriert sie einfach. Es ist ihnen egal, wie du dich fühlst und es ist eine klare

Das ist ein Zeichen dafür, dass sie nicht bereit sind, eine Lösung zu euren beiden Gunsten zu finden, wie es ein normaler Mensch tun sollte.

Viele der Vergewaltigungen, die es gibt und die nicht angeprangert werden, sind genau auf diesen Satz zurückzuführen: "Das bildest du dir nur ein, du hast es so gewollt". Bitte, akzeptieren Sie das nicht. Ergreifen Sie die richtigen Maßnahmen, um sich zu schützen. Sie könnten viele andere Frauen davor bewahren, Giftigkeit oder Missbrauch zu erfahren.

Ich bin einfach nur ehrlich

Es gibt einen großen Unterschied zwischen Ehrlichkeit und Unhöflichkeit. Leider denken viele Männer, dass sie ehrlich sind, obwohl es ihnen in Wirklichkeit an Einfühlungsvermögen und/oder guten Kommunikationsfähigkeiten mangelt.

Und wenn sie diese Ausrede benutzen, dann sagen Sie ihnen, dass das verletzend war.

Es ist nicht Ihre Aufgabe, sie zu reparieren, sondern ihre Aufgabe, besser zu kommunizieren. Wir befinden uns nicht mehr in der Eiszeit.

SCHLUSSFOLGERUNG

Während meiner beruflichen Laufbahn hatte ich oft mit Schuldgefühlen zu kämpfen. Das tue ich immer noch.

Die Folgen von Gesellschaften, die uns unsichtbar machen wollen, kommen durch unsere Eltern, unsere Geschwister und unsere Lehrer. Anders zu sein, verursacht viel Leid in Form von Scham und Schuldgefühlen. Ich glaube, das hat mich sehr oft davon abgehalten, nach dem zu fragen, was ich verdiene, nach meinem Wert, und wenn ich es tat, passierte etwas und ich sabotierte mich unbewusst und wurde hinterher dafür bestraft, dass ich es gewagt hatte
die Frage überhaupt erst zu stellen.

Ich dachte: "Wie kann ich eine Beförderung akzeptieren, wenn ich erst so kurze Zeit in diesem Unternehmen bin? ', 'Wie kann ich befördert werden, wenn andere, die mehr Zeit in ihre Karriere investiert haben, nicht befördert werden oder weniger verdienen als ich? Wenn ich Geld verdiente, gab ich es sofort für Freunde und meine Familie aus, als ob ich es nicht verdient hätte, so viel Geld zu haben.

Wie Sie sich erinnern, stamme ich aus einer bescheidenen Familie, und es hat sich in mein Gehirn eingebrannt, dass ich arm bin, dass wir, als Familie, arm sind, arm sind. Wenn sich also ein Kollege über seine Arbeitsbedingungen, sein Gehalt oder seine Karriere beschwert, habe ich sofort ein schlechtes Gewissen und tue alles, was in meiner Macht steht, um ihm zu helfen. Das ist bis zu einem gewissen Punkt gut.

Die Wahrheit ist, dass keiner der Kollegen, die sich beschwerten, mich als Konkurrenten sahen oder mich für meine so genannten "unverdienten Privilegien" hassten, meine Ergebnisse hatte, studierte, so viel arbeitete wie ich.

Aber weil ich von meiner Familie gelernt habe, dass eine Frau unsichtbar sein, sich klein machen und nicht sichtbarer sein sollte als ein Mann, habe ich mich gewehrt und mich selbst sabotiert, als mir das passierte.

Ich habe nie "unfaire Privilegien" erhalten, sondern eine Leistungsbestrafung. Was andere Leute als so genannte höhere Bezahlung ansahen, war in Wirklichkeit die Tatsache, dass ich ein paar Mal härter arbeitete als alle anderen. Die Unternehmer und andere Vorgesetzte kamen zu mir, weil ich die Arbeit erledigte, ich war ernsthaft und leidenschaftlich bei meiner Arbeit. So leidenschaftlich, dass ich nicht NEIN sagen konnte, denn in mir war immer noch dieses Loch, das es zu füllen galt. Das Loch, das die patriarchalische Gesellschaft in mir hinterlassen hat, als sie nicht erkannte, dass ich als Frau auch wertvoll bin.

Ich machte mich klein, um einige meiner Kollegen nicht zu erschrecken, denn ich konnte sehen, dass sie Angst hatten, wenn ich mit ihnen sprach. Ich machte mir ständig Vorwürfe, dass ich vielleicht zu starr war, dass ich zu hart, zu streng war, die schlimmsten Dinge, die ich mir vorstellen konnte. Und wissen Sie was? Ihr Verhalten oder ihre Leistung änderte sich nicht.

Bei einer anderen Gesellschaft geht es nicht nur darum, dass ich mich verändere. Es geht auch darum, anderen Menschen beizubringen, wie sie sich an die Seite von Frauen stellen können, die in ihrer Macht stehen, im Gegensatz zu dem, was wir seit Jahrtausenden gewöhnt sind.

Die Sache ist die, dass wir die Menschen nicht ändern können, und dass wir akzeptieren, dass Wenn wir uns selbst klein machen, helfen wir niemandem. Ich habe gerade gelernt, dass ich sie ihrer Macht beraube, wenn ich es ihnen viel einfacher mache. Ich akzeptiere zwar, dass Menschen psychologische

Sicherheit brauchen, aber andererseits ist Überbehütung nicht hilfreich. Es behindert nur mich und sie.

Für mich, weil ich nicht das Beispiel einer Führungspersönlichkeit sein kann, an dem sie sich orientieren sollten, und für sie, weil Überbehütung ihnen einfach nicht genug Herausforderungen bietet, um zu wachsen. Es hält sie in der Schleife der Angst, anstatt nach einer Lösung zu suchen, um ihr eigenes Leben zu ändern.

Ich übte dies, indem ich einen meiner früheren Leiter bat, mich nicht mehr vor meinen Kollegen in der Gruppe zu schützen, weil es in einer Gruppe um uns gegen sie gehen sollte, sondern um uns alle zusammen. Und weil ich auch wusste, dass ich durch meinen Schutz nicht in der Lage wäre, mich verschiedenen Situationen zu stellen und an ihnen zu wachsen. Er wurde wütend. Er war so wütend, dass er die Sitzung fluchtartig verließ und dann das praktizierte, was man Mikroaggression nennt: Er sprach nicht mit mir, antwortete nicht auf meine E-Mails und sagte meinem Team, dass ich, wenn ich seinen Schutz verlasse, alles alleine lösen müsse.

Damit ist niemandem geholfen.

Wenn Sie sich in dieser Situation befinden, hören Sie bitte auf, sich klein zu machen. Hören Sie auf, über sich selbst zu denken, dass Sie der Bezahlung, die Sie erhalten, nicht würdig sind, Sie sind es!!! Und so wie ich viele Frauen sehe, wahrscheinlich viel mehr.

Wenn Sie dieses Buch lesen, sind Sie höchstwahrscheinlich eine Frau, die auf der Suche nach Entwicklung ist, die ein besseres Leben für sich selbst führen und bessere Dinge für ihr Team tun will, und dafür haben Sie meine volle Anerkennung.

Sie sollten auch sich selbst schätzen.

Ich liebe die Spiegelpraxis von Louise Hay, und von Zeit zu Zeit greife ich auf diese Praxis zurück. Und Sie sollten auch damit anfangen. Heute.

Es dauert etwa fünf Minuten, aber es macht einen großen Unterschied. Nehmen Sie einen kleinen Taschenspiegel und schauen Sie sich mit Liebe die Frau an, die Sie sind. Sie hatte einen höllischen Weg, aber sie ist immer noch hier, jetzt, lebendig, atmend. Schauen Sie dieser Frau in die Augen und anstatt sie zu tyrannisieren, dass sie vielleicht ein paar Falten hat, dass sie nicht die perfekte Nase, den perfekten Körper, die perfekte Karriere, das perfekte Liebesleben, die perfekten Kinder, das perfekte finanzielle Niveau hat, sagen Sie stattdessen dies:
Du bist der Liebe würdig
Du verdienst es, dass dir gute Dinge passieren".
Ich liebe und akzeptiere dich von ganzem Herzen, tief und vollständig.

Abschließend möchte ich sagen, dass wir es alle verdienen, in einer Gesellschaft zu leben, in der unsere Fähigkeiten anerkannt und belohnt werden. Unabhängig von Geschlecht, Rasse, Religion oder der Art, wie wir unser Leben leben wollen.

Sie sind herzlich eingeladen, mich unter

contact@iuliaivan.com zu kontaktieren.

Ich erstelle Programme für Frauen wie dich und mich und baue eine Gemeinschaft von Frauen auf, die sich gegenseitig unterstützen.

Mehr Details über mich finden Sie auf www.iuliaivan.net. Zeig,

was du kannst, Frau!

Über den Autor

Iulia verfügt über mehr als ein Jahrzehnt an Führungserfahrung, darunter eine frühere Position als Vizepräsidentin in einer der größten europäischen Banken. Sie stellte fest, dass sie sich umso einsamer fühlte, je höher sie in der Managementhierarchie aufstieg, und zwar aus der Geschlechterperspektive. Daher verfolgt sie derzeit eine Karriere als Unternehmerin, Trainerin, Rednerin und Autorin, die Unternehmen bei der Bewältigung des Wandels und der Umgestaltung ihrer Geschäfte unterstützt und Frauen dabei hilft, Führungspositionen zu erlangen.

Sie können mit mir Kontakt aufnehmen unter:
🌐 https://www.iuliaivan.net
📘 https://www.facebook.com/iulia.ivan.14

www.ingramcontent.com/pod-product-compliance
Lightning Source LLC
Chambersburg PA
CBHW071521220526
45472CB00003B/1106